Trading a primera vista Ciclos y método RP21

RICHARD VARGAS T.

Advertencia.

Se informa al lector del libro.

la habilidad para comprender y manejar los mercados se compone de varios factores tangibles como no tangibles, técnicos, tecnológicos, psicológicos y factores emocionales que pueden poner en riesgo su operativa, por lo tanto, el libro trading a primera vista a pesar de tener estrategias minuciosamente probadas NO garantiza el 100% de efectividad al momento de operar ya sea en activos o productos apalancados como Forex, contratos, índices y los derivados. Trading a primera vista ciclos y método RP21 escrito por Richard Vargas T. No se responsabiliza por el uso indebido o práctica indebida fuera del proceso de crecimiento como Trader, tampoco se responsabiliza en inversiones que haya hecho el lector por impulso sin un adecuado control de riesgos de cualquier capital, la información adyacente al Libro Trading a primera vista ciclos y método RP21, otorga una habilidad con practica y un seguimiento preciso de la información adyacente al Libro, el escritor no se responsabiliza por pérdidas, ganancias o consecuencias de cualquier tipo en inversiones pasadas, actuales o futuras.

La información adyacente al libro Trading a primera vista ciclos y método RP21 puede no ser adecuada para todos los Traders, dada su complejidad y riesgo, el escritor aconseja al lector que por favor lea y se asegure de sus objetivos de inversión, comprenda honestamente que su nivel de experiencia es importante y si es preciso debe buscar asesoría independiente, el uso y comprobación de la información adyacente al libro trading a primera vista RP21, son de total responsabilidad del lector.

Por favor, asegúrese de leer en su totalidad el apartado de Advertencia de riesgo al completo.

© *Copyright 2021 derechos reservados.*

Prohibida la reproducción total o parcial de este libro, su transmisión o exhibición por cualquier medio y en cualquier plataforma sólo se permite con la autorización previa y por escrito del autor.

Diseño de portada: Rebeca Bustamante

segunda edición.

ISBN: 9798452655879

RICHARD VARGAS T.

Ciclos Y Método Rp21

DEDICATORIA

El presente trabajo es dedicado a mi madre y mi familia, tu bendición a lo largo de mi vida me protege y me dirige por el camino del bien. Por tu paciencia y amor madre mía, te amo.

Prólogo

"No hay duda que la naturaleza del ser humano es siempre buscar más; me refiero a mejorar teniendo como limite el infinito, buscar la felicidad no solamente para nosotros mismos sino para los que nos rodean. En esta constante búsqueda, el éxito, libertad financiera, el deseo por la riqueza y la independencia económica juegan un papel importantísimo.

El libro que tienes en tus manos te va a sorprender mucho ya que a través de estas páginas, su análisis y práctica hallarás uno de los tantos caminos que el mundo del trading te entrega para encontrar esa independencia económica tan anhelada, utilizar tu tiempo con la familia, amigos o haciendo una actividad que te apasione, sin atarte a horarios de trabajo desgastantes que devoran tu vida sin darte cuenta hasta que llegas a viejo sin haber disfrutado de ella.

Las situaciones extrañas en la vida no vienen solas, al contrario. Junto a ellas, llegan una serie de experiencias y «casualidades», como cuando volví a contactarme con mi querido amigo Richard Vargas después de 15 años, me enseñó este MARAVILLOSO MUNDO DEL TRADING su Técnica RP 21, su guía, recomendaciones y apoyo constante me han aclarado más la belleza diaria de poder compartir junto a mi esposo y mis hijos sin estar atada a horarios laborales ni situaciones de escasez económica, o los tiempos difíciles que estamos pasando mundialmente.

Te aseguro que es una obra por lo que merecerá la pena perder el sueño y lo mejor de todo, te sorprenderá la simplicidad del texto ya que está formado de palabras fáciles de entender y ejercicios fáciles de aplicar. La magia de esta obra está precisamente en su simplicidad.

Espero que lo disfrutes y te ayude de la misma manera que a mí me ha servido para realizar los análisis técnicos hasta encontrar mi estrategia súper eficiente y haber llegado a ser rentable aunque sé que sólo es el inicio.

Que Dios y la vida te bendiga siempre."

– Gabriela Tello

Introducción

de primera mano sé que nosotros como Traders sea cual sea el nivel debemos analizar un gráfico de manera minuciosa, tal vez nos ha tocado apoyarnos con indicadores complicados a veces de paga con reglas tan extrañas que es una locura, ejemplares como el ichimoku o avanzados de entender estrategias con el MACD, entre otros, analizar mercados durante un buen tiempo y luego de esperar horas o tal vez días para que la operativa por algún tecnicismo termine en perdida, este riesgo viene incluido al ser inversionista, estas son cosas que rompen el corazón, y duelen como una patada en el lugar más doloroso del cuerpo, se sabe de antemano que el Tiempo es el único recurso no renovable que tenemos, Entonces ¿por qué esperar tanto para ser rentable? Si vas a ganar o perder no te gustaría saber lo antes posible conforme tus habilidades, para así saber qué opciones podrías tomar, ¿no te parece razonable? este libro profundiza en la optimización del tiempo y menorar los riesgos al momento de la operativa.

No es mi intención desprestigiar alguna técnica ya que el tema principal de este libro se adapta a todas las técnicas, no obstante presento un mapa para opciones de inversión planteado en un análisis técnico simple pero muy eficaz. Análisis para anticipar la dirección que tomará el precio y sus puntos de entrada al mercado, esto no debería ser una tarea difícil, lo difícil y algo que generalmente lleva tiempo es aceptar tus resultados sean positivos o negativos para así tomar una decisión, ya sea de desistir o mejorar en la siguiente fase, muchos te dirán es imposible, pero será por el simple hecho de que todavía no tienen este libro, ¿qué pensarías, si te digo que la dirección y acción del precio se puede detectar en cuestión de segundos?, teniendo todas las características y señales fiables para tomar una decisión en el mercado?

Trading a primera vista ciclos y método RP21 es pragmático no filosófico, no evoca ninguna discusión de carácter religioso, político, o sociocultural, solamente intenta describir la dinámica natural, observable en la naturaleza y todo el universo, tampoco se inclina a declararse como la verdad absoluta, No pretende debatir sobre si es Eliotista, o Chartista en fin, el sistema del Trading RP21 es especulativo y podría actualizarse en el futuro, ajustes provocados por configuraciones de su bróker, o algoritmos de inversionistas que tienen más dinero que nadie, podría aumentar el período de alguna Media Móvil pero la base seguirá siendo la misma, en años de experiencia se han archivado fracasos y éxitos para luego separar lo bueno de lo que no sirve.

Para una mejor proyección de las ideas planteadas, nos enfocaremos en su mayoría en el mercado de los índices sintéticos por su alta volatilidad, mercados como Forex, acciones e índices bursátiles se tomarán en cuenta para ejemplos en las siguientes ediciones.

Como autodidacta y con ayuda de mentores rentables nombrados en los créditos espero te sirva de ayuda para elevar tu efectividad en el mundo del Trading, al cual el 95% de personas lo describen como "el negocio más difícil del mundo" tal vez, porque ellos no lo lograron y desistieron, de los cuales su opinión no nos interesa y a partir de este momento no hablaremos más acerca de este 95%.

Este Libro es dedicado a ese 5% de Traders entusiastas que nunca se rindieron, en estos párrafos demuestro con bases y sentido común un conjunto de información recogida durante 6 años, siendo temático en revisar día y noche el algoritmo de los mercados financieros en gráficos de velas japonesas, recogí basta información ordenándola para sintetizarla de una manera extremadamente simple y formar una configuración mental en la cual el Trader que sabe comprender y aceptar estos preceptos, obtiene una fórmula de incalculable valor, resolviendo su operativa con beneficios y resultados reales en menor tiempo, también el beneficio es disminuir el estrés y el riesgo de su cuenta de operador.

Te funcionará a ti, siempre y cuando comprendas que la administración de tus finanzas son totalmente responsabilidad tuya es decir el inversor responsable.

El enfoque en la gestión de riesgo al momento de operar es un activo.

Definir la pérdida que nos podemos permitir, es saber que ya hemos ganado, sin lugar a duda esta pérdida no afectará nuestra situación económica, por lo tanto no afectará nuestra situación emocional por pérdidas no programadas, el margen de perdida sugerida es del 0,5% de la cuenta segun tu forma de operar.

El texto que tienes en tus manos debería tomarse como un apoyo para potenciar tu operativa y posicionarse en entradas más precisas, no obstante, el mercado cuando no quiere darte ganancias así tengas la mejor de las técnicas no te servirá de nada, el promedio de ratio (pérdida/ganancia) es de escala 0.1/10 si lo haces consciente y con tus 5 sentidos arriesgarás 0.1, o ganaras 10 veces el monto arriesgado, no obstante, mi objetivo es que el en momento de entrar al mercado los números se pongan en azul, lo más antes posible a veces al instante de poner tu operación. Recuerda las dos reglas más importantes

"LA PRIMERA REGLA ES NO PERDER DINERO, LA SEGUNDA REGLA ES JAMÁS OLVIDAR LA PRIMERA REGLA" W.B.

"El Stop Lose es tu cinturón de seguridad"

-Cristian Tipan.

Sabemos que la vida es solo una, por lo tanto enfocarnos en las situaciones malas es una pérdida de tiempo, ocurrirán momentos difíciles que podrían acabarán con nuestro ánimo, habrá gente que tratará de desmotivarnos con su pensamiento negativo y te recomiendo no te dejes influenciar de ellos, porque lo importante es no perder nuestro objetivo, y siempre seguir intentando hasta lograrlo.

Este libro es parte de un proceso que cambió mi vida, pongo fe que es posible cambiar el destino y te digo atrévete tú también, el temor es normal cuando emprendes acción a tu objetivo, y eso no está mal, lo malo es quedarte donde estás sin hacer nada, ¿sabías que la definición de locura es "quedarse quieto"? hagamos nuestro esfuerzo por vencer ese temor ya verás cómo milagros inesperados aparecerán en tu vida, recibirás ayuda de personas que ni te lo imaginas y verás que, al luchar, tendrás los resultados que tanto deseas, sólo sé que es mejor seguir intentando que renunciar.

Si necesitas un consejo personalizado respecto al contenido de mi libro te comparto mi número de WhatsApp +5930984290219 y mi correo electrónico tradingaprimeravistaRP21@gmail.com, puedes seguirnos en tiktok como @Vegantattootrades espero les agrade lo que he escrito para todos ustedes y me gustaría saber sus opiniones.

Si estás conociendo este Mercado y necesitas algunos conceptos básicos puedes visitar mi canal de videos en internet, búscame con el nombre "Trading a primera vista ciclos y método RP21"

Revisión rápida al interesante mercado de los índices sintéticos.

Este Mercado se caracteriza por operar los 7 días de la semana.
Tiene un lapso inoperable cerca de las 7pm hora de Ecuador.
Realiza un mantenimiento todos los domingos a las 11 am hora de ecuador Esto dura generalmente 2 horas.
Tiene un Spread muy bajo a comparación de la mayoría de brokers.
Su volatilidad es muy alta, parecido a activos como el oro.
No operes ni mantengas operaciones abiertas de 6:30 P.M. a 7:30 P.M. Ya que el brocker hace un cierre temporal, y cobrará swap.

"aunque se exige un cierto grado de experiencia antes de la lectura este libro, si es preciso puedes profundizar más acerca de cómo crear y validar una cuenta démo y real, o elegir el brocker correcto buscando en tu navegador indices sintéticos",

el broker es muy intuitivo y te pedirá cierta documentación para validar tus cuentas de trading.

CAPÍTULO 1

Ciclo ABC

Transformemos la premisa del ciclo ABC a una explicacion que se la pueda visualizar, les voy a contar una historia luego haremos conjeturas y comparaciones para el desarrollo de las bases para este metodo.

Cuando era niño recuerdo muchas aventuras con mis amigos del barrio, solíamos jugar por lugares cercanos a la casa de mi amada mamita, conocimos varios lugares antes de que sean urbanizaciones o viviendas, fuimos a muchos, recuerdo uno en especial le llamábamos "el paraíso", pasábamos días planeando los detalles para ir a ese lugar, llevábamos sogas, elásticos, y todas las ganas de divertirnos, el "paraíso" era un lugar impresionante, oculto para los adultos, el terreno medía más o menos unos 100 metros cuadrados, 5 metros de ancho y 20 metros de largo, el piso estaba adornado con hongos grandes de 15cm, parecía un túnel de 10mtrs de altura, cubierto de hojas con un verde vivo y flores violeta o amarillo, rocas grandes coomo de un metro con un manto verde que sobresalían del piso, las ramas de los árboles cubrían el lugar semejante a un techo que dejaba pasar destellos de luz del sol, esa luz natural nos daba paz y jugábamos horas y horas, a veces hasta llevábamos comida por si nos daba hambre, parecía que visitábamos otro planeta, parecido al escenario de un cuento de hadas donde viven duendes juguetones, en la entrada se encontraba un árbol gigante inclinado unos 45 grados en donde amarrábamos en la parte más alta la soga, con nudos acierta distancia para agarrarnos y balancearnos como en un péndulo gigante, imagínate a los 10 años, era súper divertido.

En el camino recogíamos objetos como botellas plásticas y algunas ramas caídas en forma de Y que nos servían para construir resorteras y jugar tiro al blanco con las piedritas que había en el piso, el lugar era hermoso el cual respetábamos y cuidábamos por lo tanto era prohibido dejar alguna basura, recogíamos todo, agradezco a mi madre por esos buenos valores.

Solo recordarlo es un alimento para mi alma, pero regresando al tema principal, guardo la mecánica de la soga y la resortera donde estirábamos una piedrita para realizar un tiro al blanco, la rama en forma de Y era nuestra guía, la piedrita nuestra munición, y el elástico el enlace para que funcione la resortera, el mercado financiero no se diferencia tanto de esta representación, el movimiento del precio en los mercados con el péndulo y la resortera tiene algo en común, donde una media móvil es nuestra guía, el precio es la piedra (roca) que se aleja de nuestra guía para tomar impulso, y el elástico como una confección invisible para que nuestra técnica funcione, solo que en el mercado el elástico es irrompible.

¿QUÉ ES UNA MEDIA MOVIL Y COMO USARLA?

Una media móvil (moving avarage) es el punto que divide por la mitad un movimiento del mercado entre máximo y mínimo del precio, de acuerdo a una temporalidad, este movimiento forma un impulso o retroceso, en fin ser tomado como un movimiento en nuestra técnica utilizamos la media móvil de 21 periodos de acuerdo a una constante matemática, la media móvil sería el promedio de máximos y mínimos dividido para 2; de las últimas 21 velas japonesas del gráfico que se crean conforme el precio actual, esta media móvil se grafica como una línea que corta por la mitad a la mayoría de los movimientos más representativos del mercado. En resumen, recuerda, el precio es una medida y es una media móvil más, es la media móvil de 0 períodos. Funciona y se comporta igual en todas las temporalidades y todos los símbolos habidos y por haber, a menos que el gráfico sea una línea recta sin oscilaciones, en una dirección y sentido constante, por lo tanto, si existiese este caso para nada real, su siguiente movimiento será totalmente predecible por lo tanto no necesitaríamos de algún método o técnica para resolverlo.

¿CÓMO FUNCIONA EL EFECTO RESORTERA?

Si nuestra MA21 indica una dirección y el precio se separa en la dirección opuesta alejándose poco a poco. el precio mientras más se aleje de nuestra MA21 estará acumulando tensión, por lo tanto, cuando se rompa dicha tensión regresará al encuentro con la ma21 con velocidad y más fuerza. Esta dinámica es un tira y jala del precio movimiento producto de fuerzas ejercidas por Traders de todo tipo y nivel por lo tanto nuestra guía será la Media móvil de 21periodos. El ciclo ABC es el recorrido del precio.

1.- Punto A. Es donde se separa el precio de la media móvil, El precio parte desde este punto inicial (A) hacia su límite de desarrollo el punto (B),

2.- Punto B. es donde el precio llega a su límite de desarrollo y decide dar media vuelta de regreso a nuestra MA21, aquí es donde ponemos operaciones, en fin partiendo de este punto B empieza su recorrido al punto C,

3.- Punto C. Es donde el precio termina su recorrido, mismo que forma un triángulo si unimos con una línea los puntos desde que hizo su partida desde el punto A.

4.- Nuestra media móvil también hace un recorrido, pero su trayecto es directo desde el punto A al punto C donde tienen su reencuentro con el precio, de A a C se consideraría en transcurso del tiempo y nuestra guía. El ciclo tiene 3 paradas que cumplen todos los seres vivos e inertes del universo, incluido nuestro planeta, este ciclo lo vemos en escalas macro ejemplo las galaxias y Micro como por ejemplo las células del cuerpo. Y si todos en el basto universo cumplen el ciclo ABC eso quiere decir que el mercado de valores NO está exento de cumplir este ciclo y se representa en un sistema plano donde sus movimientos sólo son de arriba hacia abajo, de abajo hacia arriba, y de izquierda a derecha conforme pasa el tiempo. El mercado sin lugar a duda es impredecible pero mientras el tiempo siga hacia delante y No hacia atrás lo cual hoy es imposible, siempre cumplirá este orden en su comportamiento en este caso es el ciclo ABC. Todos, absolutamente todos los símbolos cumplen el ciclo ABC. Recorrido representado en los siguientes gráficos superpuestas en una tendencia lateral, MA21 línea verde, Ciclo ABC en amarillo.

Ejemplo:

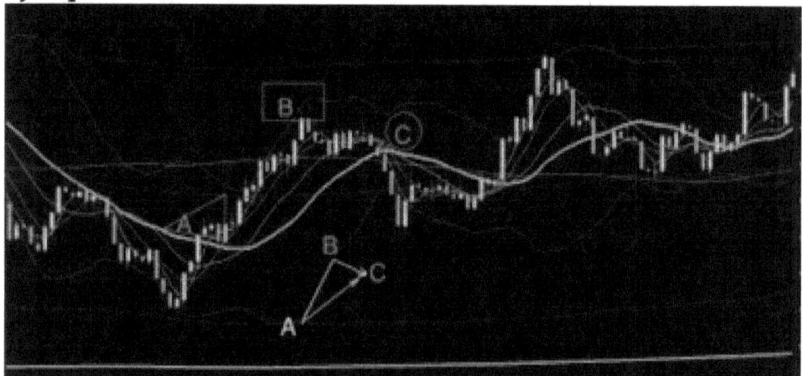

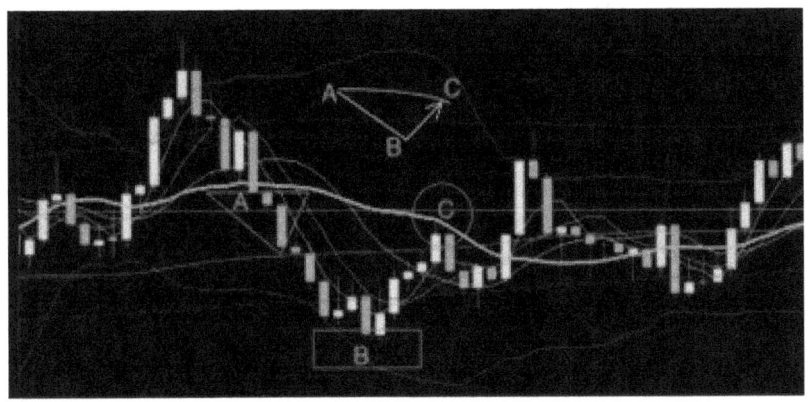

A es el punto de partida.

B es el límite de desarrollo y giró de tendencia.

C es el fin del ciclo o el encuentro del precio con nuestra MA21

Los gráficos del mercado se presentan en un sistema plano de dos dimensiones movimiento arriba abajo, abajo arriba y en sentido de izquierda a derecha por lo tanto el ciclo ABC se representaría en forma de un triángulo.

- (+) Primero el padre, segundo el hijo y tercero el Espíritu Santo como la santa trinidad.
- (+) El agua se evapora llega a Las alturas en forma de nubes y regresa a la tierra en forma de lluvia
- (+) Una planta crece desde la semilla en la tierra como su base, llega a su florecimiento y llegará un momento que dejará de existir y volverá a la tierra para cumplir un nuevo ciclo con una nueva forma.
- (-) Una Prenda de vestir, la compras, tiene su vida útil, y llega el momento de deshacerte de ella por desgaste o porque paso de moda o simplemente ya no la quieres, quien sabe la donas alguien más.
- En el Gráfico de todos los símbolos; (A) nace desde nuestra

M.a. de oro, se proyecta a (B) su punto límite, regresa a (C) nuestra Ma de oro. Este es el Ciclo ABC.

- (+) las personas nacen, se desarrollan a su máxima expresión, y todos sabemos el punto C.
- Etc... etc... y los ejemplos seguirán apareciendo en todos lados.

EQUILIBRIO DEL MERCADO

Es curioso que el mercado analizado mediante gráficos de velas japonesas si se lo hace con este método el margen de probabilidad se alinea con eventos sociales a nivel mundial, altos y bajos en estados de emoción colectiva, los movimientos del mercado pueden dar recorridos lentos o a veces rápidos como si tuviese una personalidad así como tú o yo, se tomará decisiones acertadas cuando observemos que la media móvil dibuje una línea horizontal, esto indica el equilibrio entre las fuerzas de compra y venta que influyen en el mercado. este aparente equilibrio puede cambiar en cualquier momento, por lo tanto debemos estar atentos a reducir cualquier perdida no programada, terminando una tendencia algunos analistas lo llaman curva de la pendiente, yo prefiero llamarlo equilibrio en el mercado refiriéndonos exclusivamente a lo que dibuja la ma21, con esta base veremos un movimiento del precio que se alejara y cruzara la media móvil en lapsos de tiempo ordenados y muchas veces constantes por mucho tiempo, el precio se aleja y regresa en la parte inferior como en la superior, como resultado observaremos que la media móvil toma el papel de guía del precio posicionándose en la mitad del recorrido dando la misma distancia arriba y abajo.

si a esto agregamos una referencia de equilibrio de una temporalidad mayor sabremos hacia donde es más probable que se dirija el mercado con un margen de asertividad aproximado al 96,4%.

- será bastante predecible, el precio cumplirá con el ciclo ABC, el mismo que cuando esté en el punto B regresará con mayor velocidad a la media móvil, cumpliendo una simetría exactamente como una onda. "Como referencia en la Ma105 (media móvil 21 en 1H, visto directamente desde la ventana de temporalidad de 5minutos) en equilibrio, el precio junto con la ma21 rodeará la media móvil cómo un péndulo". el orden se vería algo así como en la descripción siguiente.".

visualizacion para ventas

-- precio
―― ma21
――― ma105
―――― ma1000

visualizacion para compras

―――― ma1000
――― ma105
―― ma21
-- precio

ALGUNAS SUGERENCIAS PARA ENFRENTARME AL MERCADO.

- Paciencia y disciplina. - es indiscutible que a veces tenemos prisa por tener ganancias y para ganar al mercado debemos "tener paciencia y fe" esto dicen, yo digo que la fe aplicada y la acción es importante, aprende a esperar las condiciones adecuadas en el gráfico, respetando tus políticas eh ahí la clave. Cómo dice el gran Napoleón Hill en su libro un año para cambiar el chip, clave 22 página 105.

"EL CONTROL MENTAL NO ES ALGO MÁGICO, DE OTRO MUNDO, NI TAMPOCO ALGO OCULTO. ES LA PURA DISCIPLINA QUE TE MANTIENE EN EL RUMBO HACIA EL FIN DETERMINADO QUE BUSCAS. LA RECETA ES PERSISTENCIA PRÁCTICA Y PACIENCIA CONTIGO MISMO AL TRABAJAR PARA ALCANZAR UNA META."
NAPOLEÓN HILL.

Desde el momento que entendí que la palabra Dios no significa un ser castigador, ni un símbolo de superioridad, sino una inteligencia infinita conectada al ser humano. Cambiaron muchas cosas no como una cuestión de religión sino una decisión de crecer ayudando a los demás, conforme vamos aprendiendo en la vida, he tratado de mejorar esta relación y las ideas nacen y crean el fruto en forma de grandes beneficios para todos los que están a mi al rededor, pero ¿por qué se necesita paciencia? y la respuesta es conocimiento nada mágico sino por un simple regla de probabilidad que solo se puede hacer tangible con muchísimas repeticiones, para visualizar esta premisa tomaremos como ejemplo una moneda cualquiera con sus lados opuestos un lado es cara y la otra sello, si lanzamos pocas veces tanto como diez veces y vemos el número que cae en cada lado, el numero será un tanto aleatorio rodeando el 50% en cada lado, pero mientras más veces lanzada la moneda el número de veces de ambos lados se ira equilibrando al margen del 50% en cara y 50% en sello; esto lo puedes verificar tu mismo con alguna moneda en tu propia casa.

ahora, en el trading debemos añadir factores como la intensión que también esta sujeta a la probabilidad del 50/50%, aunque la intensión del Trader sea de ganar el mercado te dará el resultado 50% de operaciones perdidas y 50% de operaciones ganadas, así hasta un ciego podría efectuar en el mercado de valores y salir ganando, pero hay un factor más, el control y este si podemos manejarlo como ejemplos si cada vez que fallemos en una operación la perdida sea mínima, y las veces que ganemos las ganancias sean mucho mayores, la cuenta seguirá adelante mucho tiempo, si añadimos una condición más a este evento, algo intangible como la intención de la persona que lanza la moneda sugestivamente el inconsciente inclinará la balanza a uno de los dos posibles resultados, cara o sello, si lanzamos un millar de veces el resultado volverá al equilibrio del 50/50%. imponiéndose a la intensión de la persona que lanza la moneda.

Es importante ajustar el gráfico en un tamaño promedio donde se pueda visualizar claramente todos los movimientos del mercado, tanto máximos como mínimos, impulsos y retrocesos claramente.

Si miramos el gráfico en temporalidades macro nos daremos cuenta que todos los mercados es una consolidación, si la dirección es horizontal el precio tenderá a regresar a su punto de equilibrio, a esto a veces lo llamo los tres príncipes, donde mis tres M.A. (1000,105 y 21) se visualizan en perfecto orden y sus pendientes se aplanan dándonos la señal para el cambio de tendencia.

"LA PRIMERA REGLA ES NO PERDER DINERO, LA SEGUNDA REGLA ES JAMÁS OLVIDAR LA PRIMERA REGLA" W.B.

El Trading es un mercado muy volátil y relativamente impredecible, para algunos traders el dinero se va a cómo el agua entre los dedos, no obstante la parte que nos interesa es que el mercado es dirigido por el factor humano eso implica energía, lo cual significa que existen fuerzas y por ende la fuerza es medible, por lo tanto podemos recoger datos y valores para hacer una predicción muy apegada a la realidad, aumentando las probabilidades del siguiente movimiento del precio, tranquilo no es necesario aprendernos de memoria alguna fórmula matemática de Newton o algo parecido. Solo debes poner atención a los gráficos.

Entender que no importa si tienes la mejor estrategia del mundo el factor humano es el que dirige la suma de operaciones ganadas y fallidas, el miedo y la codicia son emociones que debemos controlar habitualmente,

Solamente invierte el dinero que estás dispuesto a perder repítetelo día, tarde y noche, y hazlo práctico. Cuando eres riguroso con tus políticas cosas maravillosas suceden, espero y lleves tu voluntad a un siguiente nivel y aprende cómo manejar este aspecto muy importante para la vida, con respecto a este tema te recomiendo leer "el hombre más rico de babilonia" no solo te aprendas de memoria sino ponlos en práctica diaria, los consejos que te dará George S. Clason son oro puro, el consejo que tomaras en cuenta para hacer práctico este libro será de pagarte a ti mismo el 10% de tus ganancias para luego invertir. No puedo explicar la mecánica de esta afirmación solo sé que funciona.

Los movimientos largos ya sean osos o toros, deben tener un respiro, en otras palabras, los impulsos grandes deben tener un retroceso para luego seguir la tendencia.

Es importante saber el método de pago y depósito que maneja tu Brocker, en el cual tendrás que hacer un depósito, te recomiendo que lo hagas por Skrill o criptocurrency ya que el primer retiro que hagas será por el mismo metodo de deposito, estas plataformas son excelentes en esta era tecnológica, ya que permite el intercambio de divisas en un menor tiempo y que sean seguras para los usuarios, es tu decisión si lo haces por vía bancaria pero algunos países las tasas de interés por ingreso de divisas son altísimas, yo te recomiendo la mejor manera, hazlo por plataformas como Skrill o tu billetera BTC

"Si entras en las zonas preestablecidas y eres riguroso con tus límites de pérdida mínimas, la cuenta avanza" Operamos solamente en equilibrio y divergencias con la ma21 tú puedes operar la periodicidad que gustes H4, H1, M30, M15, M5, M1.... "la filosofía que manejamos es que si podemos detectar estos cambios de tendencia al fin y al cabo terminaremos operando solamente impulsos con buenas ganancias"

Tu estabilidad emocional y hábitos diarios deberán ser

precisos para esto te recomiendo leer un buen libro todas las mañanas por 15 minutos todos los días este hábito alimenta la mente, la refresca, entrena la memoria, activa tu parte creativa y mejora tu estado emocional, también te recomiendo usar 15 minutos de tu día para aprender algo más acerca de trading y mercados financieros.

La volatilidad de los mercados financieros se mueve por emociones para lo cual necesitamos los cinco sentidos cada vez que operamos, para lo cual te recomiendo empezar por una cuenta demo conforme pasa el tiempo tomas práctica y bajará el miedo, mejorando la confianza en la técnica, no olvides la regla de perder operaciones a propósito, ya que el brocker analizará tus movimientos operando en contra de la técnica, es una responsabilidad que viene incluida con el libro.

¿CÓMO PUEDO CONTROLAR LAS EMOCIONES?

práctica y más práctica seria la respuesta más adecuada aunque tal vez este es el tema más controversial al momento de operar pero si pudiera resumirlo en pocas palabras diría que es no discutir con tus políticas, la técnica 21 se posiciona casi al extremo del cambio de tendencia no te permitas perdidas enormes controla ese aspecto, la templanza es primordial.

En efecto como el mercado va cambiando a cada segundo enfrentarte a cada caso será un algoritmo, si pasa esto o tal situación tendrás una política que seguir, y la primera política al momento de hacer una operación es "SI" TÚ PRIMERA OPERACIÓN TERMINA EN PÉRDIDA, el protocolo será CELEBRAR y segundo DEJAR DE OPERAR Y RELAJARTE. Hasta resetear tu mente, el trading No lo es todo.

Recordar que el mercado es 98% emocional, es dirigido por la euforia y el miedo de inversores novatos, y makets maker, pero a diferencia de ellos tú tienes este libro, en mis años de experiencia te recomiendo seguir un plan y no dejar de vivir tu vida con los que más quieres, si no estás operando lo mejor es olvidar por completo los gráficos y disfrutar de la vida, jugar, comer delicioso, hacer deporte o dedicarte a algún tipo de arte o pasatiempo. ¿O acaso ese no es el sentido de la vida, disfrutarla mientras puedas?

El Tiempo es el único recurso no renovable, el mercado te enseña a valorarlo.

El ejercicio físico y servir a los demás como hábito te liberará de tensiones y aclarará tu mente.

Toma muy en cuenta la regla de invertir sólo el dinero que te puedes permitir perder, una buena manera de entender esta política, es leyendo el libro "el hombre más rico de Babilonia de George S. Clason, la parte de retirar el 10% de tus ganancias para luego invertir en tu árbol de la riqueza.

Tener tus políticas bien establecidas te daré un ejemplo como yo afronto el tema del estrés, hago Trading en una hora precisa, ¡por amor a Dios No operes estos mercados de 6:30pm a 7:30pm hora de ecuador!

Generalmente realizo operaciones en los mercados cuando estoy por aburrirme en casa, manteniendo el límite de ganar el 20% de mi cuenta o menos si hay una ganancia es bueno, si hago el 40% en una sola sesión, el día siguiente estaré libre de operar, lo que me permite organizarme para cumplir mis compromisos pendientes de la casa y amistades.

Aprender de un libro de auto superación te aclara la mente, te recomiendo libros muy bien estructurados como "AMP" de Napoléon Hill y Clément Stone, en general recomiendo todos los libros de Napoléon Hill, también está el libro "Como obtener amigos e influir en las personas" de Dale Carnegie, la biblia, la Sugerencia de leer y alimentar nuestra mente es primordial para operar, para algunas personas tal vez les rodee un pensamiento de esoterismo o cliché pero la mente adecuada nos dará buenos resultados. ¡Hazlo ahora! No esperes obtener algo y luego ser, debemos ser, para luego obtener, el universo nos entrega lo que somos no lo que merecemos.

Si deseas abordar más acerca de tema psicológico, puedes leer libros extraordinarios como Trader en la zona de Mark Douglas.

Dicho esto sin olvidar ningún detalle vamos directo a la técnica por la que compraste el libro.

CAPÍTULO 2

Técnica RP21

Llega un momento en la vida del operador donde el trading no es más que un símbolo de pérdida, decepción o jugar con recursos económicos que se podrían usar para otras necesidades de vital importancia, perdida tras pérdida el Trader revisa su método sin darse cuenta que incumple principalmente con la regla de "invertir solo el capital que está dispuesto a perder" lo que genera un estado de pensamientos pesimistas y sin embargo sigue intentándolo, después de un número indeterminado de cuentas quemadas, mucho dinero invertido, curso tras curso, libro tras libro se satura de conocimiento y se frustra, luego llega un mentor para organizar el conocimiento que ya tiene, y todo se hace simple y llevadero, esta vez quiero ser ese mentor, aquel que no complica las cosas, y te pregunta ¿cuál es tu propósito? ¿Le dedicarías 15 minutos de tu día para aprender algo más acerca de ese propósito? Si tu respuesta es un rotundo SI, déjame mostrarte cómo ganar en este negocio, en fin solo necesitas unos buenos hábitos estos maduran y llegan a formar un carácter y el carácter crea un futuro.

No quiero aburrirlos más con el proceso de cómo se desarrolló la técnica eso ya lo expliqué en el apartado de inicio y créditos, lo que importa es que sirve y te entregaré esta información completa de la manera más directa y sencilla, mi intención es llevar tu operativa a otro nivel y con ese conocimiento es tu responsabilidad y deber, bajo tu propio riesgo llevar la técnica a cuentas reales, te sugiero probar y practicarla en demo, hasta el momento cuando te sientas apto a operar una cuenta real, antes hasta cuando ya la domines por completo, tú solo tú, eres responsable de tu dinero, y cierto te digo que este libro si tú deseas, es la mejor inversión que abras hecho ya que se basa en el simple sentido común y aspectos básicos de geometría como el triángulo.

La técnica RP21 se basa en medición de dos fuerzas opuestas, que de acuerdo a su terreno estas tendrán ventaja sobre su oponente construyendo una dinámica (movimiento del gráfico) , esta dinámica conforme el tiempo pasa fluctúa de arriba hacia abajo y de abajo hacia arriba, si encontramos el punto medio de este recorrido podremos determinar su dirección, para esto incluiremos a nuestro gráfico la Moving Avarage de 21 periodos, para encontrar un valor cercano, aveces hará exacto, a este recorrido, ya sea en dirección alcista o en su caso bajista plantearemos lo siguiente:

Al número X de traders operando sumaremos la unidad de factor (observador o Trader especulador). Hay dos factores opuestos, uno es el grupo de vendedores y el otro es de compradores, añadimos la unidad que es el observador; 2(grupo) + 1, en todo caso podemos asumir un grupo de compradores y vendedores como (1x+1x +1 = 2x+1)

Si existe igual número de compradores y vendedores el mercado se equilibra graficando una tendencia lateral,

Si existe mayor número de compradores que vendedores, el mercado tiende a subir, de igual manera si existe mayor número de vendedores el mercado tiende a bajar.

x + x = Equilibrio (tendencia lateral)
x + x + 1 = Tendencia con sentido y dirección (Vector)

El valor de X es cualquier número indicando un grupo, es

decir de forma hipotética; existe un grupo de 21 personas en las cuales 20 son traders, estos se dividen en 10 compradores y 10 vendedores de algún producto, hasta ahí el gráfico tendría equilibrio formando una línea horizontal o movimiento lateral, en el momento que una nuevo Trader se agrega al mercado el gráfico comenzará a moverse de acuerdo a su intención de comprar o vender construyendo una tendencia,. Si esta persona elige comprar el vector de la tendencia será alcista y si decide vender el mercado tenderá a la baja.

Ejemplos:

*X + X +1 = "5, 7, 9, 11, 13, 15, 17, 19, 21, 23.....99.
- 10 + 10 + 1 = 21
- 5 + 5 + 1 = 11
- Fuerza1(x) + fuerza2(x) + 1 (inercia) = tendencia.

*Vector: un vector es un segmento de recta que tiene módulo, dirección y sentido.

Simetría del Mercado.

El precio está en un sistema plano, se visualiza como una onda que avanza de izquierda a derecha, con dos fuerzas la 1ra que tira hacia abajo y la 2da que tira hacia arriba, está tensión deja un histórico de su movimiento, estos se visualizan en el gráfico de velas japonesas, no importa la temporalidad que la veas, el gráfico es el mismo en todas las Temporalidades, estos movimientos deja una estela en forma de onda, y nuestra MA21 será el punto medio entre la cresta más alta y el valle más bajo, nuestras MA. 4,13,21,105 y 1000 actuarán como la dirección y guía de nuestra operativa. sin más preludio el movimiento del precio en todas las temporalidades y medias móviles es literalmente una Onda con valle en sus mínimos y su cresta en sus Máximos, lamentó repetir pero es algo que debe ser recordado.

Entonces desde la media móvil hasta la cresta es la misma distancia que de la media móvil hasta el valle.. como es arriba es abajo.

Puedes buscar en tu navegador características de las ondas y verificaras que es exactamente asi como se comporta el mercado.

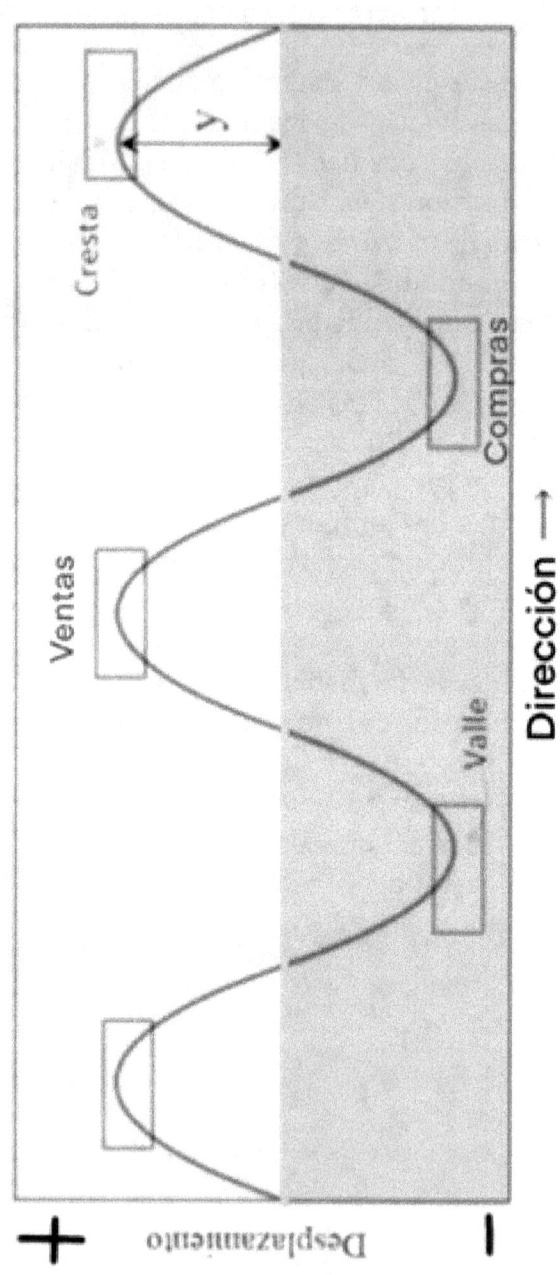

DINÁMICA 1

En la siguiente imagen tenemos a Juanito que trata de llevar a un burrito al establo tirando de él con una soga atada a su bocado, pero este opone resistencia ¿podrías definir quién ganará al instante? y ¿quién ganará seguramente en un futuro cercano? Tenemos muchas variables como la fuerza, el tiempo de resistencia, el desgaste físico, la integridad de los cuerpos, entre otros, el animalito ganará el primer tirón por su fuerza, pero Juanito seguro tiene las de ganar porque tiene más inteligencia y lo que seguramente hará ganar a
Juanito es que tiene una dirección, ¡al establo burrito! con esto definimos la primera característica que debemos tener para operar y esa es "LA DIRECCION DEL PRECIO"

DINÁMICA 2

Imagina dos grupos de personas de igual proporción y fuerza, cada grupo quien tira a su favor, y el precio tiene dos fuerzas en sentido contrario, compradores y vendedores aparece una tercera persona el observador (tú), este ayuda a uno de los dos grupos con su elección, preferiblemente a su amigo, dime tú, ¿qué fuerza ganará? ¿A quién ayudarías? ¿Como amaneciste hoy, con ganas de comprar o con ganas de vender?

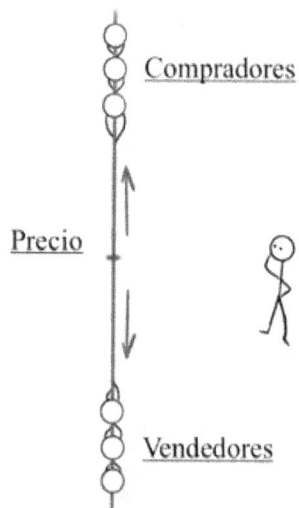

TRADING A PRIMERA VISTA

CAPÍTULO 3

HERRAMIENTAS PARA DEFINIR
ACCIÓN Y DIRECCIÓN DEL PRECIO.

Indicadores de la Técnica RP21

En la estrategia RP21 usaremos unos simples indicadores fáciles de interpretar y estos son:
1. BB21 color oscuro (la psicología del operador no debe ser sugestionada)
2. M.a. 21 color verde claro. Indica punto medio de un impulso o retroceso.
3. M.a. 105 color verde oscuro. En la temporalidad de 1minuto, podemos ver la MA21 de la ventana en temporalidad de 5minutos, en la T1minuto esta sería la Ma105
4. BB200 color oscuro (La psicología del operador no debe ser sugestionada).
5. MA1000 (método: simple, aplicar al cierre, color turquesa claro, 2 píxeles.)
6. Ma4.- Sirve para identificar micro tendencias y profits puntuales en operaciones de scalping o micro scalping, en símbolos como el crash y boom de su brocker.

MA21.- Divide en la mitad el movimiento sea impulso o retroceso, en el mercado dentro de un lapso de tiempo, la Moving Avarage de 21 periodos ATRAE al precio con fuerza y velocidad, en la técnica RP21 esta es nuestra referencia como primer TP, punto C del ciclo, (media móvil de 21 periodos, simple, al cierre " sugerido", puedes usar la que más se acoja a tu estilo de trading, estás representan dos grupos de igual número y características más la unidad que simula el factor agregado, ejemplo: dando un valor a un número x. x = 6. (6+6=12, a esta cantidad le sumamos 1, el período sería de 13) en resumen usa medias móviles impares a excepción de la Moving Avarage de 4 períodos, y

Moving Avarage de 1000)

MA1000.- Generalmente REPELE al precio cuando la toca (media móvil en color Turquesa claro), y atrae al precio en largos periodos. Construyendo el ciclo ABC, con esta MA podemos definir con bastante exactitud la dirección del precio. Si el precio se está alejando o si el precio se está devolviendo en dirección a nuestra Ma1000. con la tendencia en aumento de nuevos traders y libre conocimiento se prevé que esta cantidad con el tiempo cambie pero hasta que eso pase, tomaremos como una referencia exacta a un periodo de 1000.

* BANDAS DE BOLLINGER 21 (BB21) son como las llantas pequeñas en un niño que está aprendiendo a montar bicicleta, sirve para identificar un posible punto pívot, punto B del ciclo, sirve mucho para quienes están conociendo la Moving Avarage de 21.

* BANDAS DE BOLLINGER 200.- (Sus límites además de indicar posibles máximos y mínimos que denotan un agotamiento del precio, en esta área la técnica RP21 funciona un 75% que es sin duda un porcentaje muy alto de probabilidad).

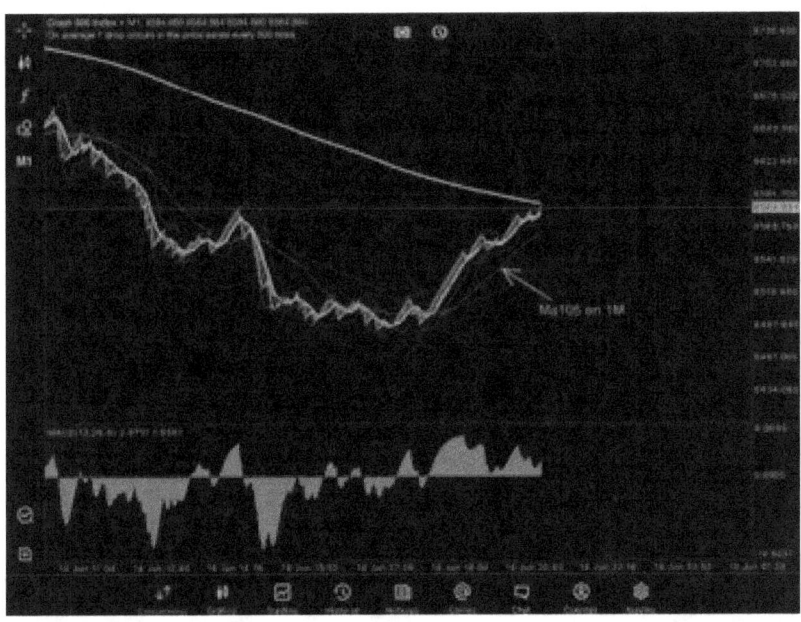

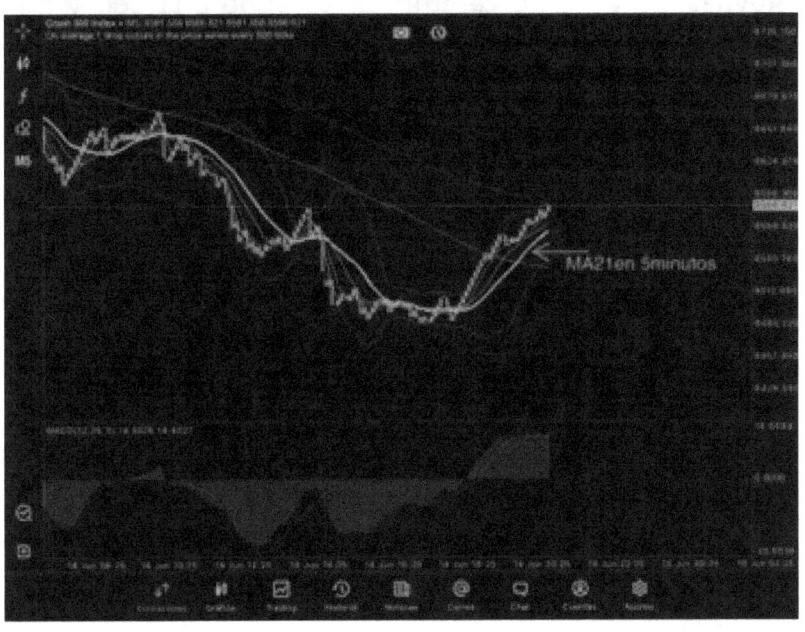

DEFINIR ACCIÓN DEL PRECIO EN EL PUNTO B

El precio debe estar relativamente a varios pips de distancia de nuestra M.a. 21, así es esto, el precio se aleja y regresa a la M.a. 21, Y esto ocurre con todas las medias móviles del anterior capitulo incluyendo a la 200 y a la 1000.

Es importante saber que debemos configurar el gráfico a un tamaño donde podamos ver los movimientos del mercado.

Los puntos de acción serán anteriormente definidos encontrando canales, y otras herramientas.

Como habíamos dicho anteriormente, trazando techos y pisos en cuatro y una hora o trazando líneas de tendencia, si rompe esta línea de tendencia esperaremos una corrección y operamos al revés en el caso de haber operado una venta ahora operamos una compra, a este procedimiento se lo llama BreakEven.

Lo interesante es que nuestra M.a. 21 siempre se alejará en una dirección para luego tirar del precio como si fuera una resortera.

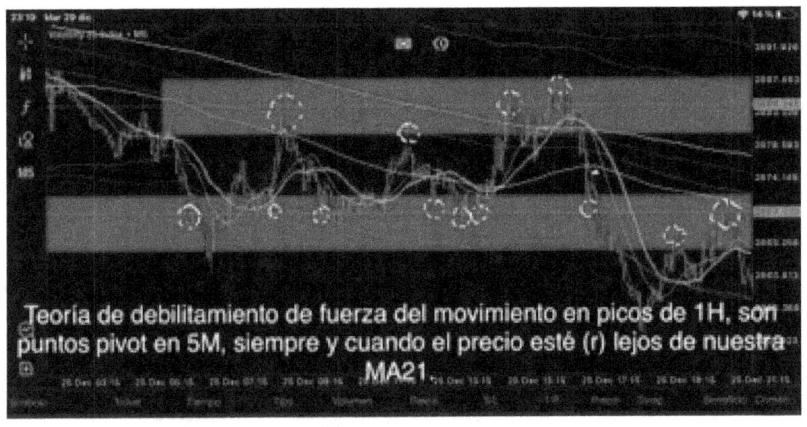

Definir dirección del precio en B hacia el punto C.

Obtenemos la dirección ubicando la posición del precio con respecto al ciclo ABC. El punto C respectivamente se encuentran en la Ma1000.

Un ejemplo; en una tendencia alcista el precio empieza su recorrido en la Ma1000 sube dirigiéndose a su máximo, el punto B y finalmente desciende al punto C, que será nuestra Ma. 1000.

Teniendo esta base como referencia abre cualquier gráfico de cualquier instrumento financiero ya sea Forex, índices, futuros, CFD's, criptomonedas, lo que sea, todos cumplen esta trayectoria, una vez abierto el gráfico en periodo de 1 hora dictamina en qué lugar se posiciona el precio dentro de la trayectoria del ciclo ABC.

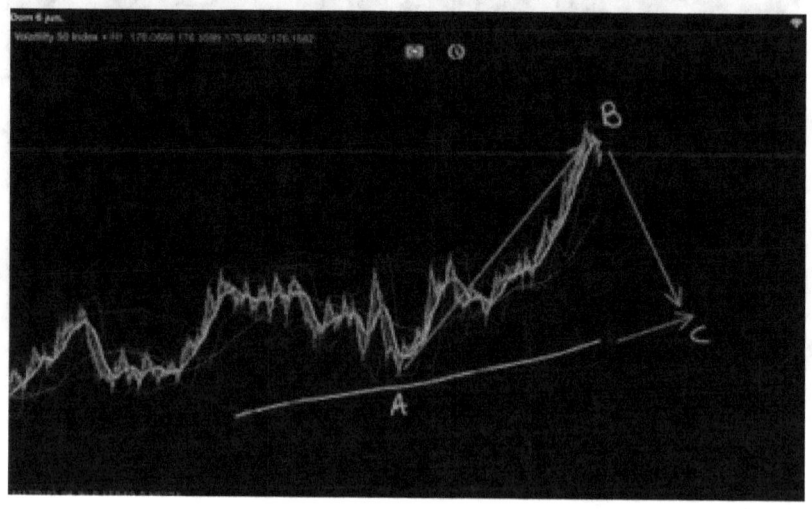

ARMAS SÚPER-PODEROSAS PARA VENCER AL MERCADO.

- Canales en temporalidades de 4 horas, operamos en los extremos.
- RP21PLUS LEJOS DE LA MA21 y rebote en la MA105 para continuidad en la tendencia.
- Estructura de mercado TAS - TA, podemos operar en los cuatro puntos pivote de la estructura. Inicio como al finalizar la estructura, y sus fractales.
- Debilitamiento de la tendencia en picos de una y cuatro horas, para operar en 5 minutos, scalping.
- Divergencias de Media móvil. Operamos en el final del retroceso para seguir la tendencia. Explicado en el capítulo 4.

ESTRUCTURA DEL MERCADO Y FRACTALIDAD

El mercado se construye solamente por dos estructuras la T.A. (tendencia armónica) y la T.A.S. (tendencia armónica simple) estás se pueden apreciar en todas sus temporalidades, el hecho que definamos un tamaño ideal para visualizar claramente todos los Movimientos del mercado es un golazo, por esta razón se sugiere optar por colores de velas que sean de tu gusto personal y agradable a la vista, que sean diferentes como en este caso son moradas para las velas de venta y turquesa para las velas de compra.

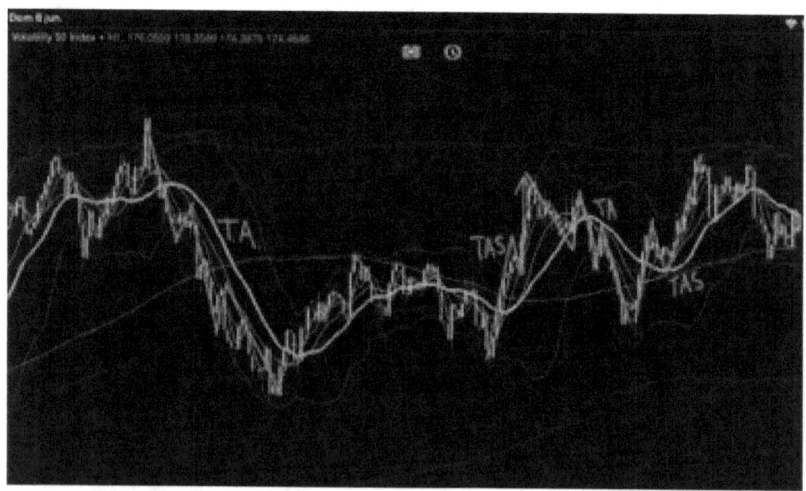

T.A.S.

Tendencia armónica simple está compuesta por un impulso, luego un retroceso y luego un impulso igual o similar al anterior.

Entradas en compra o en venta se encuentran en la terminación de la estructura, y en el final de un retroceso.

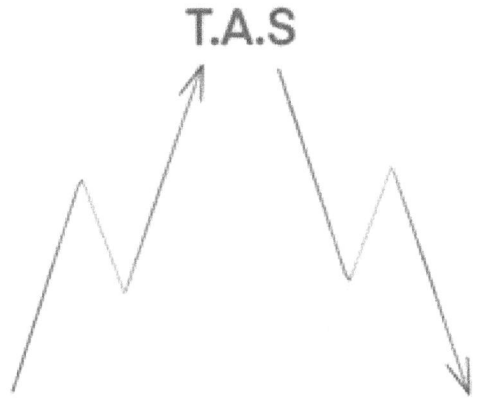

T.A.

Tendencia armónica está compuesta por un impulso un retroceso y luego un impulso igual o similar al anterior y luego un retroceso igual o similar al anterior y luego un impulso igual o similar al anterior.

Entradas en compra o en venta se encuentran en la terminación de la estructura, y en el final de un retroceso, que consecuentemente coincide con la terminación de su fractal.

Cada línea roja o verde contiene un TA o un TAS en su estructura.

¿QUÉ ES UN FRACTAL?

Un gráfico es el mismo, no importa si lo ves en 4 horas, 1 hora, 15 minutos, 5minutos, 1minuto, o los famosos tics.

Un fractal es un objeto geométrico con una estructura básica, fragmentada o aparentemente irregular, se repite a diferentes escalas. El término fue propuesto por el matemático Benoît Mandelbrot en 1975 y deriva del latín fractus, que significa quebrado o fracturado. Muchas estructuras naturales son de tipo fractal. Wikipedia

En otras palabras un fractal tiene una estructura básica que se repite a diferentes escalas, como ejemplo si agrupamos varias de estas estructuras básicas micro nos dará como resultado la misma estructura básica en una escala macro, esto quiere decir, que un gráfico de 1 día y 1minuto están constituidos por la misma estructura. Cómo la TA Y TAS

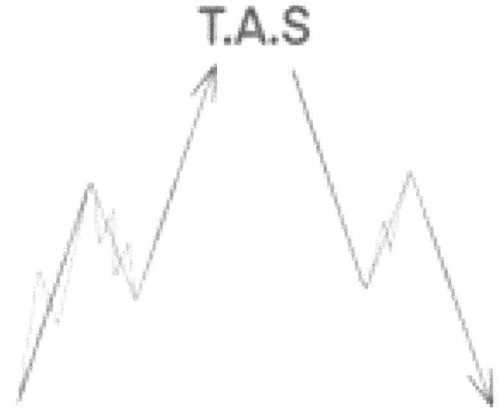

¿CUÁL ES EL MEJOR MOMENTO PARA ENTRAR AL MERCADO?

El mercado te dará oportunidades todo el tiempo, no obstante debes seguir la política de no seguir operando, si tú primera resulto en pérdida, tampoco operar con algún estado de conciencia alterada, o bajo el efecto de sustancias psicotrópicas, es muy importante ordenar tus limites establecidos, como tu límite de pérdidas diarias, cuanto esperas ganar, con la técnica RP21 ordenamos un mapa con un simple sistema de análisis técnico en diferentes temporalidades del gráfico yendo de macro (1D, 4H, 1H) a micro (15M, 5M, 1M).

Ejemplo: si tienes marcado un canal equidistante en una hora que es bajista tienes que esperar, hasta que toque los extremos superiores del canal, Esto nos dará una mejor probabilidad para entrar en ventas, seguir este sistema te reconocerá con mayores ganancias con operaciones en un mayor lapso de tiempo, si en el mismo grafico nos trasladamos a velas de 5M y la tendencia es alcista. Esto en la misma tendencia bajista de una hora, buscaríamos compras en los límites inferiores del canal en 5m. Si ya sabes la dirección del precio tienes que saber ahora en dónde entrar.

¿SENCILLAS SON LAS CLAVES PARA UNA ENTRADA?

Extremadamente si, son sencillas porque si ya sabes la dirección del precio ahora tienes que identificar dónde tienes que entrar, estos puntos claves por lo general se dibujan en divergencias donde el precio se separa de la Ma21, si tenemos la dirección del precio al alza (tendencia alcista) tendremos que buscar compras por debajo de nuestra M.a. 21, misma que debe tener una inclinación hacia arriba como se visualiza en los gráficos, esta clave te dará buenos resultados.

SI BUSCAMOS VENTAS, LA ENTRADA ESTARÁ POR ENCIMA Y LEJOS DE NUESTRA MA21.

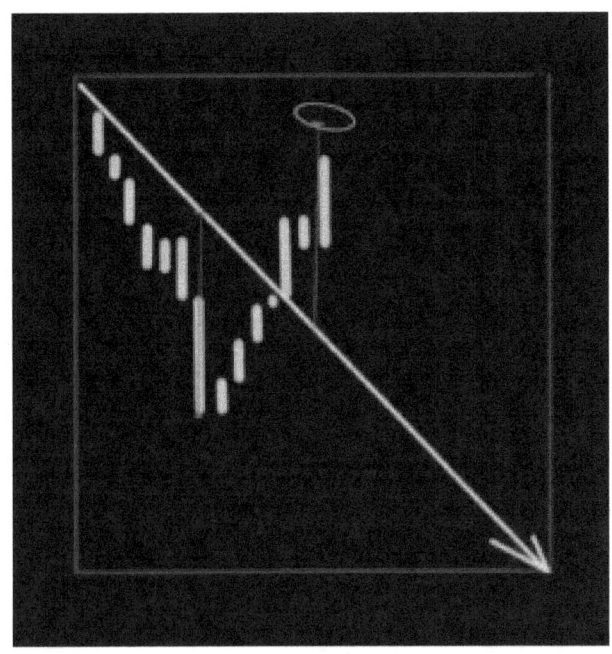

SI BUSCAMOS COMPRAS, LA ENTRADA ESTARÁ POR DEBAJO Y LEJOS DE NUESTRA MA21.

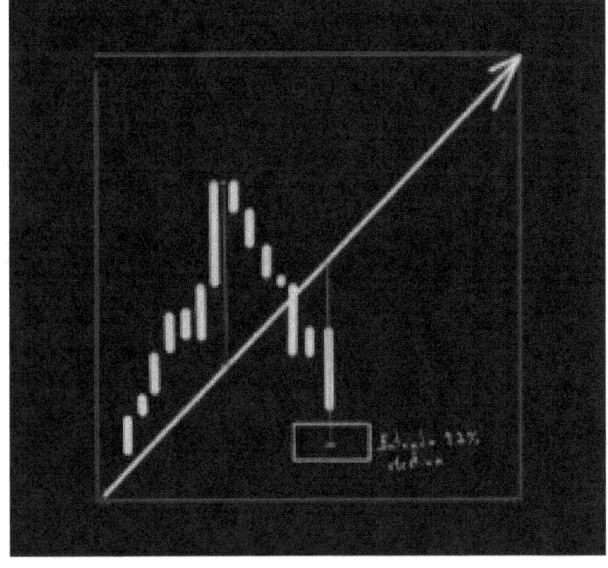

Para un entrenamiento mental, haz esto: en un gráfico cualquiera traza garabatos o líneas aleatorias, al terminar nos percatamos que muchas de estas líneas son puntos de cambio de tendencia, la lógica en RP21 es filtrar estas opciones en áreas de mayor probabilidad de cambio de tendencia puntos donde el precio es vulnerable a nuestra técnica, entonces pondremos una posición en el mercado.

Entrar en un debilitamiento de una tendencia para obtener un TP proyectado a nuestra MA21. Los puntos que nos dejan el histórico 1H y 4H son puntos fuertes de cambio de tendencia.

El precio tiene un ritmo como los latidos del corazón a veces se agita otras veces se fatiga, la estrategia RP21 localiza estas áreas de fatiga del precio donde un 97% cumple con el teorema "el precio regresa a nuestra MA21 le da un beso francés a la Media móvil y pasa por encima" Cumpliendo el Ciclo ABC. Para luego C convertirse en A y comenzar un nuevo ciclo en dirección a B donde esperamos nuestra siguiente entrada.

"Espero haber sido lo más concreto posible, y haber explicado de la manera más sencilla la estrategia más precisa, para ganar en el mercado, todos los traders saben el precio que se paga en tiempo, dinero y estudio para obtener resultados, la disciplina tal vez sea lo más difícil de construir, el hecho de que un descuido podría representar pérdidas dolorosas si no cumples los estándares, nosotros sabemos que a larga serán peldaños para desarrollar una estrategia con resultados reales y consistentes.

"SEAMOS AMIGOS DEL MERCADO".

Hacer trading es fácil para los que asumieron la responsabilidad de desaprender, vivimos en una sociedad atada a normas impuestas por el sistema y no digo que esté mal, pero si deseas tener resultados viendo gráficos y poniendo operaciones es preciso dejar atrás el acondicionamiento mental de una sociedad que es inocente y débil en normas de conducta, con un futuro Impreciso donde satanizan el dinero y no lo ven como una herramienta para hacer la vida más llevadera.

Hay que dejar atrás estos acondicionamientos y abrir nuestra mente a la nueva era de la tecnología.

Es preciso conocernos a nosotros mismos y saber hasta dónde podemos llegar, opera retrocesos acorde tu decisión, minutos, horas, días o meses lo que tú te sientas cómodo o busques, de acuerdo al balance de tu cuenta, mientras más balance puedes tomar operaciones en swing o en temporalidades más altas, tal vez no está de más indicarte algo que debería ser ovbio, no obstante recomiendo que mientras suba la cuenta, el lotaje por el contrario sea menor, en el siguiente capítulo te mostrare las operativas prácticas, en un mapa con el cual entender estas premisas, veremos el gráfico y entonces buscamos picos en 1H y 4H luego revisamos la gráfica en 5m si en esos picos se cumplen con el punto B con nuestra MA, entonces operamos con RP21 en 5m.

Generalmente la línea en estos puntos cuenta como referencia de B, para una entrada, o posición al mercado.

CAPÍTULO 4

Operativas

Nos basaremos en el cuadrante de operativa donde Los cuadros en verde son nuestras entradas, si la Ma tiene una inclinación hacia arriba / buscaremos compras por debajo de la Ma. así mismo cuando la Ma tiene una pendiente hacia abajo \ buscaremos ventas por encima de la Ma.

Cuadrante superior, el precio por encima de Ma. (Fondo Blanco)

A hacia B = lo más inteligente es buscar compras, T.P. en B. Stop Lose muy cerca de la entrada. Se recomienda 3 a 5 milímetros de la entrada.

B hacia C = lo más inteligente es buscar ventas , T.P. en LA MA 21. Stop Lose muy cerca de la entrada. Se recomienda 3 a 5 milímetros de la entrada.

Cuadrante inferior, el precio por debajo de la Ma. (Fondo Violeta)

A hacia B = lo más inteligente es buscar ventas, T.P. EN B. Stop Lose muy cerca de la entrada. Se recomienda 3 a 5 milímetros de la entrada.

B hacia C = lo más inteligente es buscar compras, TP EN LA MA 21. Stop Lose muy cerca de la entrada. Se recomienda 3 a 5 milímetros de la entrada.

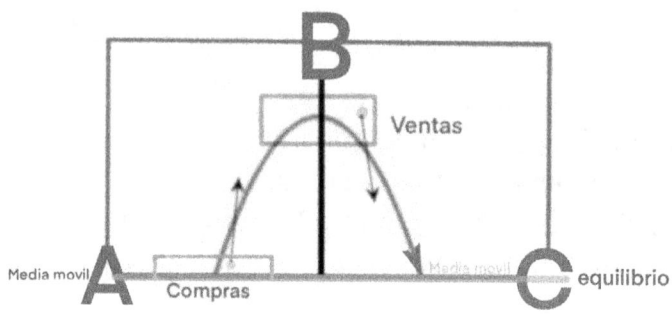

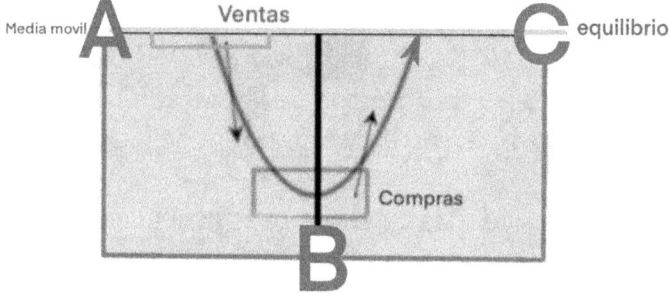

RP21 EN 5M.

Generalmente en esta temporalidad podemos definir una operación bastante precisa, basándonos en temporalidades mayores y obtener ganancias en pocos minutos, para esto podemos guiarnos en los cambios de tendencia o picos que el precio en temporalidades de 1H, 4H, 1D, 1W.

Operativa Nº 1

Gráfico en 1 hora, marcamos con una línea horizontal los puntos donde gira la tendencia, luego bajamos a 5 minutos, en esta temporalidad la línea de referencia que pusimos en una hora actuará como pared y punto B de nuestro ciclo, ahí donde choca el precio siempre y cuando nuestra MA 21 esté lejos del precio mientras más lejos más exacto y acelerado será el regreso a nuestra MA21, estos puntos de referencia dan un porcentaje de entradas al mercado muy precisas, este es nuestro punto "B" del ciclo.

1H

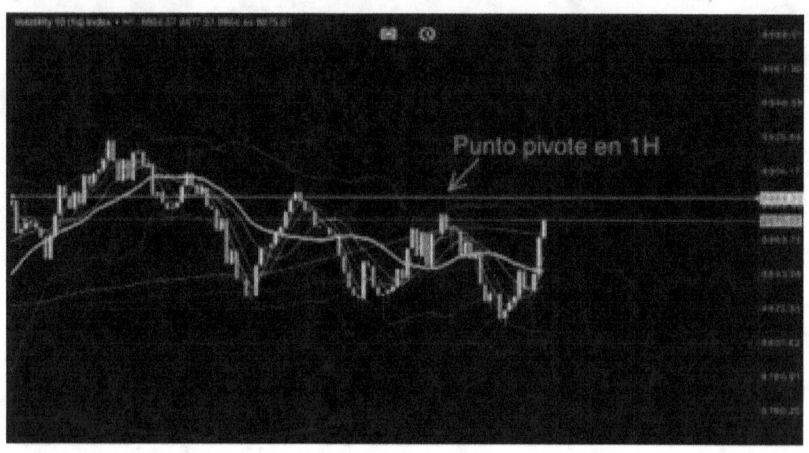

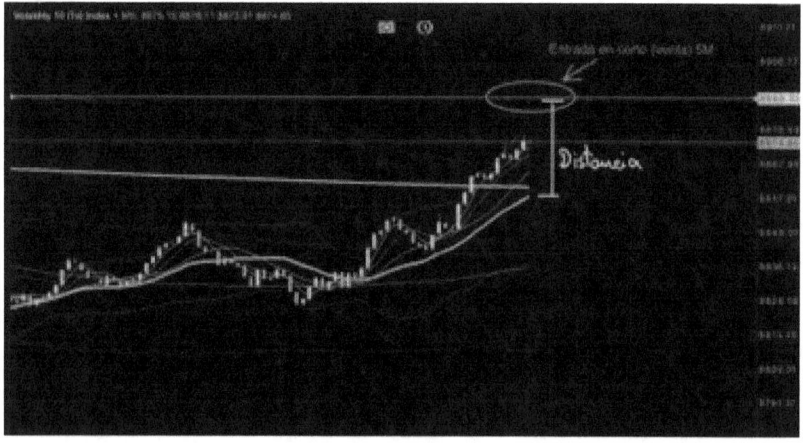

5M

BUSCANDO VENTAS.

1H

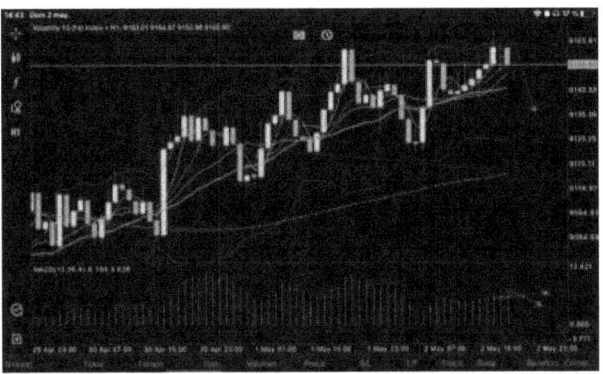

5M

Operativa Nº 2

BUSCAMOS VENTAS EN BASE A UN CANAL BAJISTA.

Trazamos un canal en temporalidades de 4H y 1H uniendo los puntos de un alto con un alto más bajo, y bajo con un bajo más bajo, operamos en los extremos, siempre y cuando el precio esté por encima, y relativamente lejos de la Moving Avarage 21.

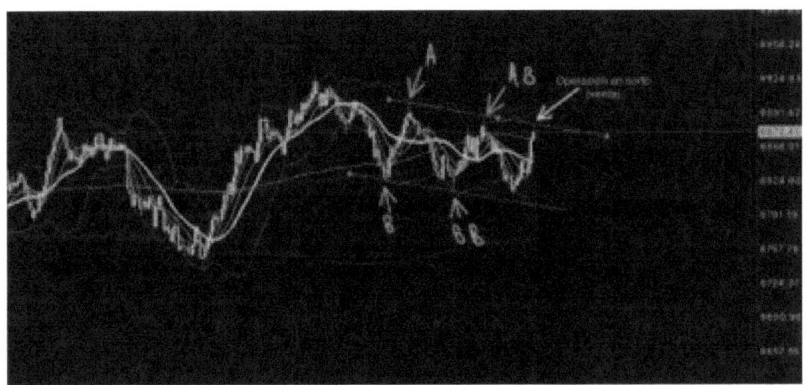

BUSCAMOS COMPRAS EN BASE A UN CANAL ALCISTA.

Trazamos un canal en temporalidades de 4 y 1hora uniendo los puntos de un bajo con un bajo más alto, y un alto con un alto más alto, operamos en los extremos inferiores, siempre y cuando el precio esté por abajo, y relativamente lejos de la Moving Avarage 21.

TRADING A PRIMERA VISTA

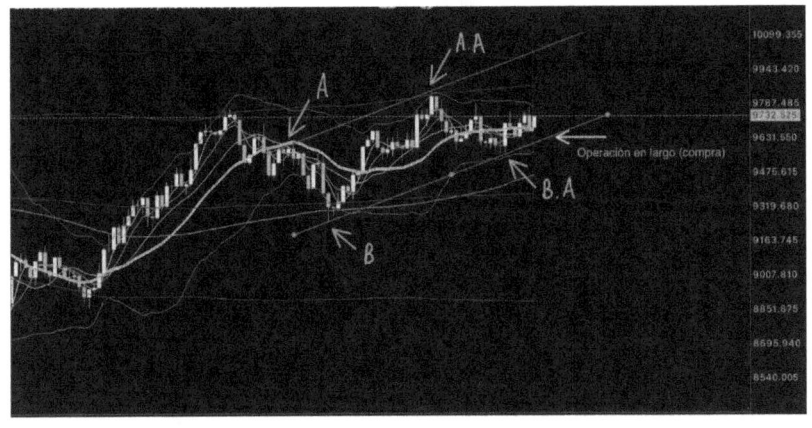

Operativa Nº 3

RP21 3.0

Límite de la bb200 en 1H, a) escenario donde el precio está en el límite superior de la bb200 = buscamos ventas, b)escenario donde el precio se sitúa en la parte inferior de la Bb200 = buscamos compras

Pasamos a 5m si estamos en ventas, para poner una operación el precio debe estar encima y lejos de nuestra MA21. Si estamos en área de compras (parte inferior en bb200 de 1H), para poner una operación en compra el precio debe estar debajo y lejos de nuestra MA21.

Revisar lotaje (mínimo lotaje recomendado)

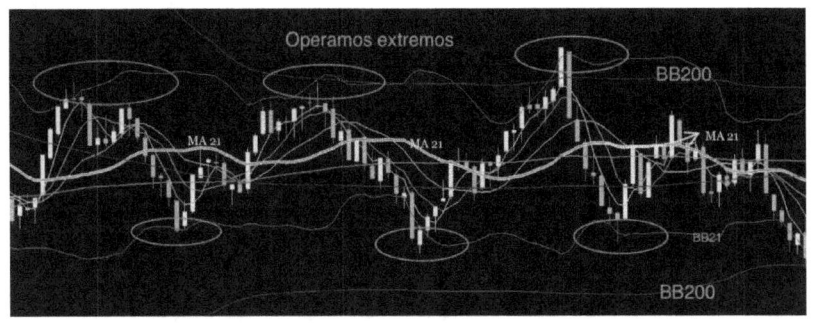

Operativa Nº 4.

Divergencias con Medias móviles.

El precio se aleja de nuestra MA21 que se presenta firme y decidida en su dirección* cuando en una temporalidad más baja nos da una señal de debilitamiento de la fuerza del precio este se presenta con tics o una pequeña consolidación.

Nuestra MA21 actúa como nuestra guía hacia dónde va el precio y la característica principal es que el precio no podrá seguir más a la dirección opuesta y se pondrá en camino junto a nuestra MA21, regresará con velocidad.

En el gráfico podemos observar una proyección de la

Ma21 (flecha verde) y el precio que se dirige a la dirección opuesta, el punto B se encontrará generalmente en la misma distancia del último ciclo. Distancia (recta roja)
   *definir dirección del precio con Ma1000 en el capítulo 3.
   Todas las temporalidades.

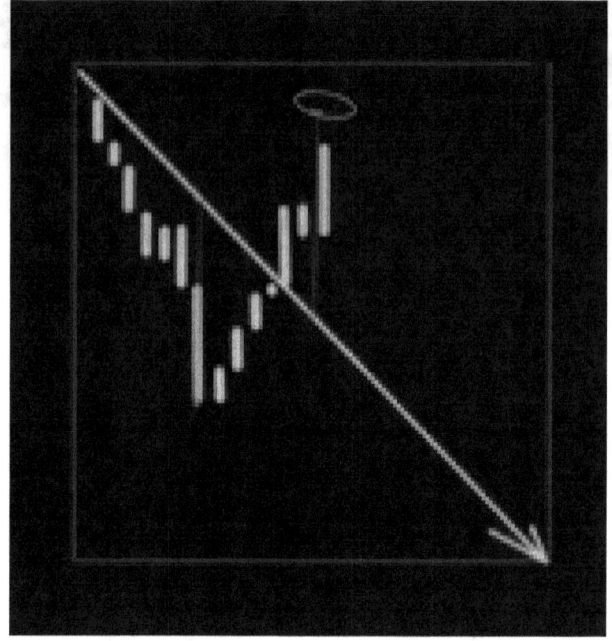

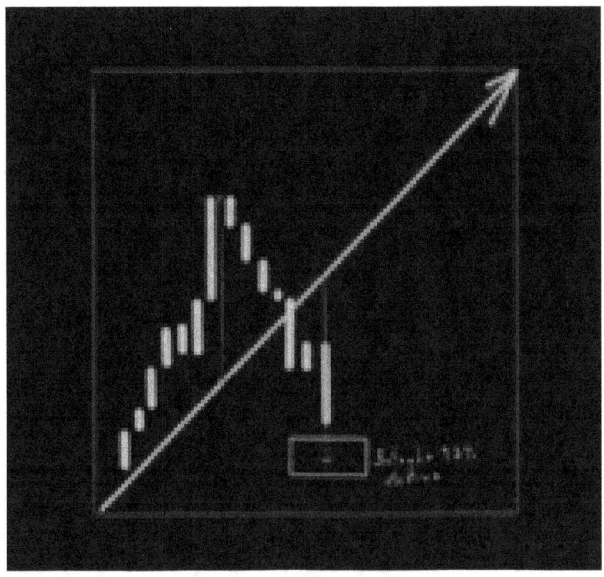

"IDENTIFICAR MA1000, SI EL PRECIO SE ESTÁ ALEJANDO O ACERCANDO."

Primera imagen el precio de está alejando para abajo, segunda el precio es atraído a la M.a.1000 hacia arriba, la tercera imagen se está alejando con spikes fuertes hacia arriba.

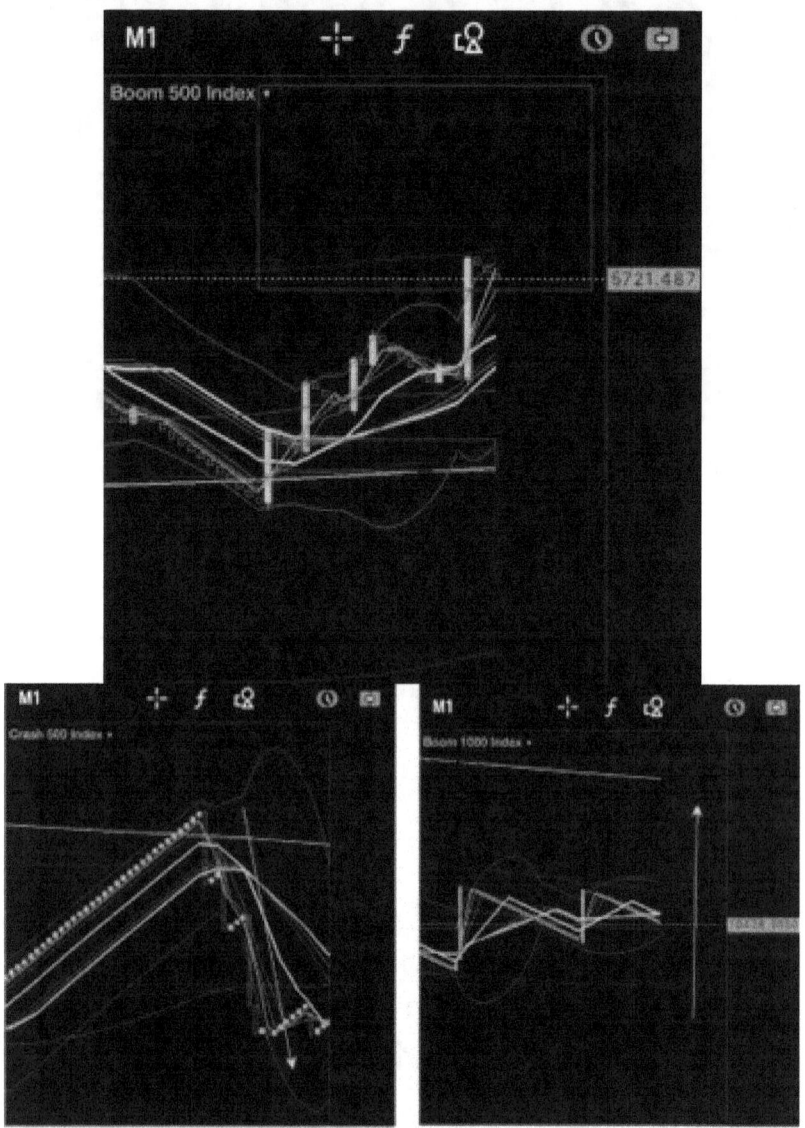

Operativa Nº 5.

Patrón RP+21 secuencia de velas de un solo color.

Existe una hilera de velas de un solo color en el

momento que cambia de color la vela, está coincide que está relativamente lejos de nuestra MA21 es una clara señal de entrada

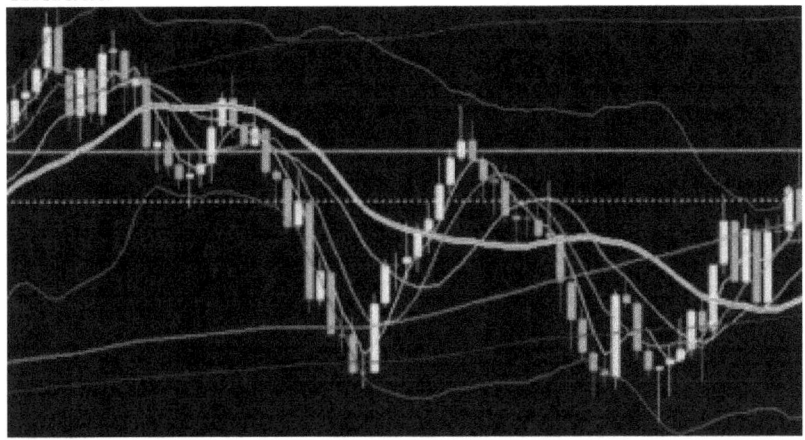

Buscar en 5minutos el precio se posicione lejos de la MA21

Hallado el precio considerablemente lejos de la MA21 se busca canales

Hallados los canales en todas las temporalidades generalmente los canales son visibles en H1, H4, Diario, y si prefieres ir por operaciones a largo plazo. Buscaremos en semanal o mensual.

Operar en los extremos del canal.

Si nos rompe usar Breakeven.

Verificar límite de pérdidas, sugerimos menos del 5% de tu cuenta por día.

Niveles altos en Bb200 en 1H debe coincidir con los extremos de la BB21 DE 1M o 5M.

"EL GRÁFICO ES EL MISMO EN TODAS LAS TEMPORALIDADES"

- Rompe la banda de Bollinger regresa a la EMA 200
- Mirar como se mueve el mercado, yo lo llamo tics, es porque se queda entre dos pips haciendo un movimiento pequeño (temblor),
- eso significa que el precio está por cambiar de dirección.

"LA CLAVE ES SENTIR EL MOVIMIENTO DEL MERCADO, CUANDO ESTÁ PERDIENDO FUERZAS ESTE ES MÁS VULNERABLE Y PREDECIBLE"

Políticas.

- Busca un lugar tranquilo, sin interrupciones, (cualquier regla olvidada puede actuar en tu contra)
- recuerda nos basamos en la ma21 siempre la señal da la ma21.
- tus perdidas siempre deben ser menores a tus ganancias.
- jamas sobreapalancarse,
- la media movil llega primero y el precio le sigue.
- Si la primera operación del día termina en negativa dejar de operar, hasta hacer un reset mental para volver a operar cuando tengamos la mente tranquila y la seguridad adecuada.
- Si no puedes parar de operar es probable que debas visitar un psicólogo.
- Operamos en zonas de equilibrio en las Medías móviles.
- Buscamos la dirección del precio generalmente en 1H y 4H.
- Operamos extremos. Si vamos a operar en cinco minutos operamos en extremos de 1H como mínimo.

- Si operamos en 1m operamos en extremos de 15 minutos y 1H.
- la ganancia debe ser rapida no aguantar demasiado flotante en contra.
- asegurar ganancias con el stop lose.
- RP21 en mediados de 1H. Operativa RP21 en 1m 5m mínimo lotaje
- RP21 en extremos de 1H. Operativa RP21 en 1m 5m mayor lotaje permitido en tu gestión de riesgo.
- Operamos solamente cuando el precio esté relativamente lejos de nuestra MA21, y coincida con la dirección antes definido por la ma1000.

Entradas

Venta
- Techo en M1
- Techo en M5
- Techo en M15
- Dirección en H1 precio se dirige a la Ma1000
- Estructura de mercado tope pivote.

Compra
- Piso en M1
- Piso en M5

- Piso en M15
- Dirección en H1
- Estructura de mercado tope

ERRORES COMUNES

- Operar en extremos de 1m 5m pero en 1H está en la mitad de un canal.
- No planteaste en números, cuánto estas dispuesto a perder.
- Operar basandose solamente en temporalidades pequeñas 1m5m15m
- Islas (fragmento realizado cuando la Bb21 se sale del borde de la BB200)
- Técnica RP21 dice venta pero nuestra MA21 está en el extremo de abajo de la bb200 esto sugiere una compra. ¡NO OPERAR!
- Si el gráfico te indica buscar compras pero la MA21 te indica una venta, ten cuidado. y respeta puntualmente tu Stop Lose muy muy cerca d tu entrada, las probabilidades en este caso bajan muchísimo. Si la Ma1000 te indica compras, debes por tu bien buscar solamente compras, esperaríamos que el precio se alinee con la dirección del ciclo ABC.

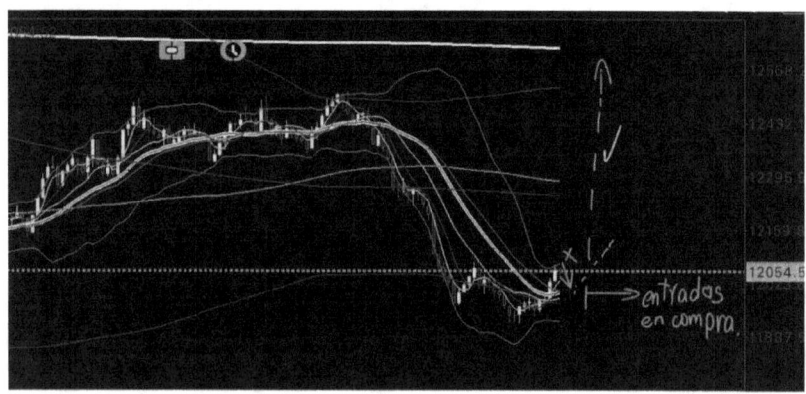

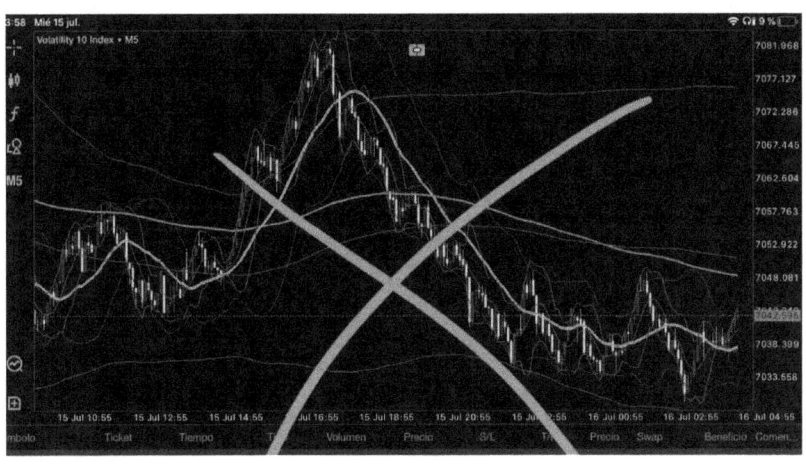

"EL TRUCO DE OPERAR RETROCESOS ESTÁ EN QUE SI LES COGES A TODOS, EL ÚLTIMO TE DARÁ UN IMPULSO QUE SERÁ DE BONITAS GANANCIAS. POR ESO PACIENCIA, PREFERIMOS EXCELENTES OPERACIONES A BUENAS GANANCIAS, POR EL MOMENTO. ESTA TÉCNICA PROTEGE TU CUENTA, Y EL 3% DE ERRORES IMPULSIVOS PROPIOS DEL HUMANO. "

Deja que el precio haga lo que quiera, tú sabes que debe regresar a la MA21, 1) es como si Juanito sale de casa (A) con sus amigos camino a una fiesta al pasar el tiempo llega a su límite de copas (B), despierta el otro día con una resaca y solo quiere regresar rápido a su casa (C), 2) al pasar la puerta (MA21) retoma los que áceres del hogar para nuevamente 3) salir a la calle y hacer sus ocupaciones, al terminar su labor fuera de casa, va de regreso, y ahí se ha cumplido tres veces el ciclo ABC. Esto es como la vida, si sabes a donde te diriges es más fácil llegar, a veces pasa que puede quedarse en la casa de un amigo o amiga y por la adrenalina se le olvida avisar pero tarde o temprano llegará el momento de regresar a casa.

"SI SABES A DONDE TE DIRIGES ES MÁS FÁCIL LLEGAR"

REGLAS

Operar extremos, La banda de Bollinger nos da una referencia de donde puede estar la señal para una entrada.

Señales.

Elevamos probabilidades y seguridad en nuestra operación si el límite de la BB21 coincide con el extremo de la BB200.

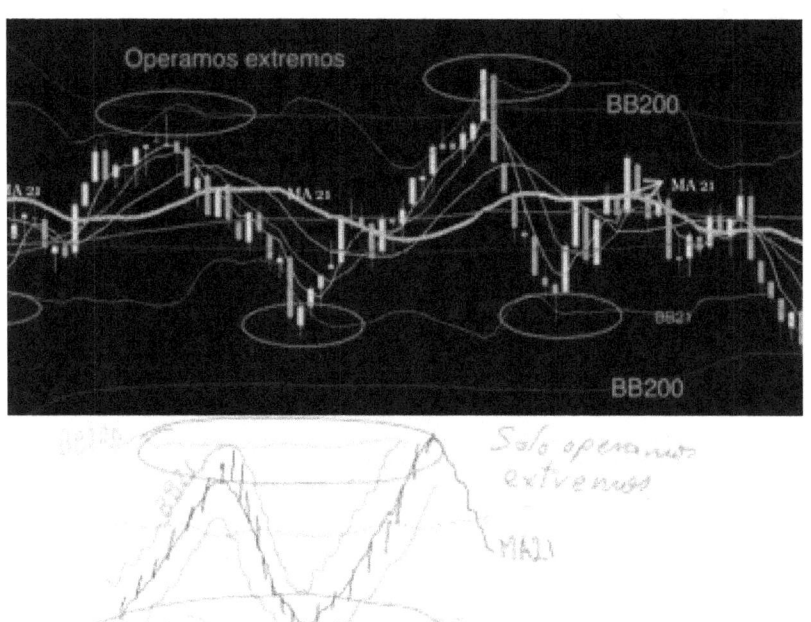

CONFIGURACIÓN MENTAL RP21 EFECTIVIDAD Y MARGEN DE PROBABILIDAD SEGÚN LA SEÑAL DE LA MEDIA MÓVIL (MA) Y MEDIA MÓVIL EXPONENCIAL (EMA)

MA 21 o BANDAS DE BOLLINGER 21 (atrayente)
EMA 200 o BANDAS DE BOLLINGER 200 (atrayente)
BB21. Gris oscuro (bordes indican la llegada de la señal 50%fiable) ∘ BB210 Gris oscuro (bordes indican la llegada de la señal 25%)
MA 1000 repele cuando el precio la toca, atrae cuando el precio está lejos hasta al 25% de llegar a ella. Repele cuando la toca, y atrae cuando el precio está lejos. El precio rebota cual pelota de tenis aproximadamente 3 o 5 pips, un 85% de veces el precio rebota exactamente en la MA1000.
MA50 (repele)
MA 105 actúa como un colchón si el precio está arriba buscaremos compras si está lejos y por debajo buscaremos ventas. También es una referencia para la MA21 en temporalidades más altas, es decir, si miramos nuestro gráfico en 1minuto tendremos las Medía móviles de 4, 21,105, recordemos donde y la forma de la M.a. 105

en 1 minuto, luego vamos al gráfico de 5minutos y nos encontraremos que la M.a. 21 es exactamente la misma Ma105 que observamos en (1m), entonces reconocemos que Ma105(1M) es igual que Ma21en (5M) y La Ma4(5M) es igual que la Ma21(1M)

MA4 en temporalidad 5 minutos es la MA21 en la temporalidad de 1 minuto, dicho de otra forma, ya que 4 velas de 1minuto conforman una vela en temporalidad de 5minutos, 4 velas de 5 minutos nos darán 20 velas de 1 minuto, por lo tanto es la más cercana a la MA21 en gráficos de 1minuto media móvil vista y referida en el gráfico de 5minutos.

CAPÍTULO 5

Ciclo ABC, se aplana la pendiente.

1. Se proyecta, 2. Termina de explorar, 3. Regresa a casa.

Generalmente la media móvil 21 cumple como refugio del precio, ya que es un promedio del valor agregado en la última vela japonesa, queda en la mitad exacta del recorrido del precio del Máximo al mínimo, generalmente se posiciona en la mitad de la formación completa de una TAS(tendencia armónica simple) vista en el capítulo estructura del mercado.

Lo que importa es que sirve y te puede hacer ganar dinero literalmente por tiempo indefinido, si dejas atrás tus limitaciones mentales, comienzas a tomar acción y si sigues estás indicaciones.

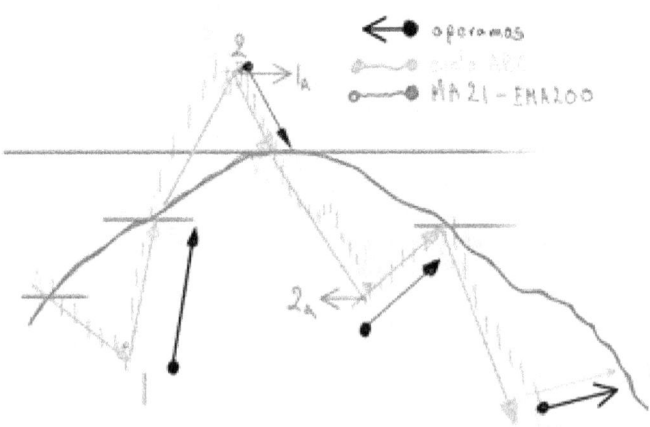

Casualmente si sabemos a dónde llegará el precio podemos posicionarnos a favor, siguiendo al mercado ejemplo si nos disponemos hacer una venta.

La situación más favorable es que el precio esté encima de la MA21 y la MA21 esté encima de la EMA200 para entrar en ventas. Y respectivamente lo contrario para compras el precio debe posicionarse debajo de la MA21, y la MA21 esté por debajo de la EMA200.

Operativa Nº6

ESTRATEGIA 97% ASERTIVA EN CRASH Y BOOM (ÍNDICES SINTÉTICOS)

Precaución: técnica con alto nivel de riesgo al operar sin práctica.

Esta operativa, es la más eficiente de todas las técnicas que eh presenciado, sólo te diré que tienes que perder algunas operaciones a propósito cada 5 o 10 operaciones, se especula que algunos brockers utilizan robots y algoritmos para detectar estrategias Súper eficientes, y operará en tu contra, pierde operaciones de vez en cuando, sano consejo.

Hace 5 años al salir del segundo seminario de reingeniería mental, me encontré con un hombre muy apasionado por el trading, lo llamaremos Jota, Jota sabía el alcance del interés compuesto también tenía grandes ambiciones junto con la habilidad de transmitir su entusiasmo, según él ya tenía todo el plan para ser millonario.

Recuerdo ese día nos dijo que si hacíamos interés compuesto en trading seríamos millonarios a los 5 años, eso me provocó interés y decidimos reunirnos con sus amigos que estaban al tanto de sus ideas, en la primera reunión estuvimos 7, en la segunda 4, luego al pasar dos meses solo quedábamos 3, en esas reuniones contábamos nuestros planes, sueños y algunas cosas personales, casi como amigos, luego de esas reuniones donde lo Máximo que logramos concretar, era que debíamos ver unos videos de un Trader de nacional japonés en YouTube, donde te indicaba como invertir en la bolsa de Nueva York, pero en ecuador no se podía así que teníamos que viajar a Colombia, cosa que no estaba en mis posibilidades en aquellos tiempos, así que decidimos entrar en algún brocker de Forex, este Mercado es señalado como el más difícil del mundo y sí que lo fue...

Volviendo a la historia dejamos de reunirnos y cada quien estudio por su lado, en ese tiempo estudie los gráficos día y noche, metí dinero en bróker dudosos y aprendí a la mala, perdiendo dinero, luego de tantos fracasos y pocas victorias me sucedía tantos accidentes que ya me sentía salado en todos los aspectos, luego de terminar con mi novia intenté una vez más estudiar trading con lo primero que viniera y encontré a mi maestro Cristian Tipán quien con su técnica T200 me aclaro un poco más la mente, y me animo a no desistir con mi plan de tener éxito con el Trading, siempre fue honesto y quería vernos ganar igual que él.

Surgió el confinamiento en marzo del 2020, yo en mi casa solo me dedicaba a dormir y ver gráficos, pero después de tener unas pequeñas ganancias de vez en cuando surgía una pérdida enorme que dejaba en cero la cuenta, pero, ¿qué sucedía?, me pregunté.

¿acaso estudio todos los días acerca de mi propósito, como me lo propuse?.. pues no, ¡era Yo el problema!, no estaba siguiendo mis propias condiciones para crecer, entonces sólo, entre 4 paredes me incliné con una plegaria a la inteligencia infinita donde me expuse y con una oración dije; me quiero hacer millonario para frenar el maltrato a los animales también fomentar el veganismo, ver a mi familia feliz con salud, sin más preocupaciones de dinero, luego la respuesta, me surgió la idea de ver en temporalidad de 5 minutos patrones que se repitieran siempre y no iba a salir de esa temporalidad hasta encontrarla.

Probando casi todos los indicadores que había, lectura de velas, y todo se resumía en el ciclo ABC, pasó un tiempo, luego de seguir efectuando operaciones con lo encontrado con ovaciones de mis amigos más cercanos, era increíble y el entusiasmo era impresionante, por circunstancias ajenas al trading nos reunimos de nuevo con J. y al ver mi estrategia se emocionó y quiso volver a reunir al grupo, el plan era consolidar un fondo común donde yo sería algo así como un proveedor de señales, luego de una semana teniendo éxito en cuentas "demo", vi que no podían seguir procesos lo mismo que me hacía fallar antes, entonces se los dije y no lo recibieron de buena forma tanto que los integrantes del grupo se pusieron en contra mío, asumiendo barbaridades y por último sugiriendo que la técnica solo era una copia de alguien y que todo mi esfuerzo fue en vano, todo fue un colapso y decidí seguir por mi cuenta, Beca la única persona que me apoyó decidió seguir con el proyecto, bueno gracias a ello puedo transmitirles estas páginas, Y explicar que el Boom tiene movimientos abruptos, en menos de un segundo recorre muchísimos pips para arriba o sea que si seguimos su tendencia con la intención de ganar, a este índice debemos priorizar operar en compra, en tendencias alcistas.

Por el contrario Como un espejo el indice crash tiene movimientos abruptos que recorren muchísimos pips en menos de un segundo hacia abajo es decir que si seguimos su tendencia con intención de ganar debemos priorizar operar en ventas en tendencias bajistas.

Primer nivel de riesgo. (Bajo)

Operar a favor del spike con mínimo lotaje. Cuando identificamos que el recorrido es del punto B al C.

Crash.- Siempre vender, lejos de la Ma21 y Ma105 en tendencias bajistas.

Boom.- Siempre comprar, lejos de la Ma21 y la Ma105 en tendencias alcistas.

CONDICIONES:

a) Solo Crash.- El precio esté a punto de tocar la Ma1000, en crash el precio debe acercarse por abajo.

b) Solo Boom.- El precio esté a punto de tocar la Ma1000, en Boom el precio debe acercarse por arriba como índica el grafico.

Si el precio cruza la Ma1000, esperar unos segundos antes cerrar la operación con pérdida, recuerda que debes perder de vez en cuando, pero estas pérdidas deben ser las mínimas, en estas operaciones es preciso configurar tu Stop Lose muy cerca de la Ma1000.línea turquesa claro.

Segundo nivel de riesgo. (Alto)

Crash comprar lejos de la Ma21 y Ma105
Boom vender lejos de la Ma21 y la Ma105

"ESTA TÉCNICA LA SALIDA, ES POR INSTINTO, PLANTEA AUNQUE UNA POSIBLE REFERENCIA PARA UN TP ES LA MA 4, PLANTEA SALIDAS RÁPIDAS, LUEGO SALIDAS MÁS LARGAS."

Técnica Nº 1.

Poner operaciones con el más alto lotaje posible, exactamente cuándo termina la vela del spike siempre y cuando termine lejos entre 15 y 50 pips de distancia hacia nuestra MA21, tomar ganancias al momento que el precio se encuentre con la Ma4, esto sería entre 2 a 3 velas. si la MA 105 indica equilibrio, es más probable que llegue a nuestra MA21.

El spike a operar está en contras de la dirección B a C., es decir en boom el precio está lejos y por encima de la MA1000. Ya habíamos explicado cómo calcular la distancia del precio con respecto a la MA.

Si es en crash, el precio está lejos y por debajo de la MA1000, el spike tomará forma alejándose más de nuestras MA. Por lo tanto es extremadamente probable que el precio regrese a nuestra Ma.

El precio debe posicionarse lejos por lo menos de 15 a 50 pips, entre más pips de distancia de nuestra MA21 es más segura la operación.

Esta operativa exige una pérdida cada 5 a 10 operaciones ganadas. En crash ventas, en boom compras.

Técnica Nº 2.

Poner operaciones con mínimo lotaje según tú capital en los 4 instrumentos financieros al mismo tiempo C5 venta, C1compra, B5compra, B1venta, se debe tener claro cuánto vas a permitirte perder, esta estrategia es de total control de pérdidas debes operar sin distracciones y cerrar exactamente en tu límite de pérdida no más, recomiendo muy encarecidamente visitar este video de YouTube donde describe exactamente la psicología que debemos poner en práctica. (NEXSSON TRADING https://youtu.be/ SlAQdJWeIY0 El mejor canal para potencializar tus Trades. https://youtu.be/G0Pr8R-J5bQ LO NUNCA VISTO EN EL TRADING.

Observamos que el precio este lejos de nuestra Ma21.

Esta técnica permite dejar operaciones por más tiempo según tú límite de pérdidas mínimas diarias, las pérdidas mínimas serían partiendo de un capital de 1000$ la pérdida máxima sería centavos o hasta un dólar, para dejar de operar.

Se debe tener en cuenta el ciclo ABC antes de operar esta estrategia, esto bajará errores del factor humano.

Técnica Nº 3.

• C1, C5 Operar a la compra cuando.

 El spike está debajo y lejos de la Ma21 aproximadamente 15 a 50 pips, lejos de todas las MA 13 y 21, recuerda el ciclo ABC, la M.a.1000. Si está cerca repele, si está lejos atrae al precio. (TP CERCA DE LA MA4)

• B1,B5 Operar a la venta cuando.

-El spike está por encima y lejos de la Ma21

aproximadamente 15 a 50 pips, también lejos de todas las MA MA 13 y 21, recuerda el ciclo ABC, la M.a.1000. Si está cerca repele, si está lejos atrae al precio. (TP CERCA DE LA MA4).

DATOS PARA APROVECHAR MÁS LA TÉCNICA..

Cada tres spikes largos hay un retroceso largo, Spikes pequeños no se cuentan.

Lotaje que permite el brocker según el capital en la cuenta.

Capital de inversión	Lotaje Máximo	# Máximo de Operaciones
50	1	2
2000	50	2
2400	50	3
5000	50	3
10000	50	3
15000	50	4

MÉTODO DE OPERAR RECOMENDADO

◦ Computador con MT5, cuenta DEMO, cuatro ventanas c1, c5, b1, b5 para monitorear spikes donde el precio se posiciona lejos de la Ma21.

◦ Segundo dispositivo. El mismo que servirá para entrar al mercado justamente en el cierre de la vela del spike

◦ Proyección y cierre en Take profits.
-El riesgo es bajo 0,1% si la ganancia se cierra en la MA4. en 1 minuto, Aunque es muy bajo hay que operar con muchísimo cuidado.
- el orden de cumplimiento para las Ma. Es 4,7,13,21,105,1000.

¿PÉRDIDA A PROPÓSITO O ROJOS CON PROPÓSITO?

Este es uno de los capítulos más importantes del libro, en la última operativa había dicho que debes perder a propósito cada cinco o diez operaciones esto se debe a que el Bróker y los IPDA pueden detectar que tienes un 100% de efectividad lo cual en porcentajes puedes anticiparte a sus movimientos, lo cual a la larga no les conviene, se especula que podrían tener robots e inteligencia artificial que detecta operativas ganadoras y similares, cuando un Trader exitoso publica su libro con su técnica, el mercado opera en contra de la misma, con este consejo queremos evitar situaciones no agradables al consumidor , tampoco a entidades intermediarias del mercado. A pesar de ser una especulación deberías tomarlo muy enserio. Nosotros debemos tomar estas características para operar buscando una pérdida muchísimo menor a nuestras ganancias, entonces si predices una perdida puedes predecir tus ganancias a voluntad.

Así que luego de dominar sea cual sea tu estrategia con profits a voluntad, por un cierto tiempo, te encuentras con el escenario en que, de la nada comienzas a ver que el mercado actúa en tu contra, tranquilo, es buena señal, eres un buen Trader y el bróker ha catalogado a tu estrategia como ganadora así que juega con sus reglas. Recuerda que la mejor manera de aprender a recibir una bendición es compartir de nuestras bendiciones.

Y si pasa, deja d operar por un tiempo, recuerda las reglas de oro , LA PRIMERA REGLA ES NO PERDER DINERO,

LA SEGUNDA REGLA ES NO OLVIDAR JAMÁS LA PIMERA REGLA.

En el ejemplo observamos que al pasar la MA.1000 podemos operar a favor del Spike, tenemos tres entradas en las flechas y todas en profits a la compra, pero nosotros esperábamos una pérdida. No te confundas esta estrategia es a prueba de errores, lo peor que te puede pasar siguiendo los pasos es que ganes 10 veces más de lo que esperaba perder.

Y si en el caso de que la operación active tu Stop lose, que estará situado muy cerca de la Ma1000, es una estupenda noticia, dejas de operar en tiempo, y las pérdidas serán las mínimas y hasta microscópicas. será un ancla mental para seguir las políticas, no siempre se gana y si es a propósito, es porque te puedes dar el lujo de hacerlo.

"HAY QUE PONER ÉNFASIS EN GANAR LA OPERACIÓN MEDIANTE LOS GRÁFICOS, OLVÍDATE Y DESAPÉGATE DE LA PALABRA DINERO, TAL VEZ LA VIDA ES COMO UN JUEGO Y CUANDO JUEGAS BIEN, LA VIDA TE DA PUNTOS POR TU CONCISTENCIA Y DISCIPLINA, QUE LAS GANANCIAS SEAN INDEPENDIENTEMENTE DE NUESTROS PARADIGMAS CON LOS NÚMEROS."

Mejorar el ratio de stop lose fue como mi Nemesis a vencer, la traba con mi último mentor era q todos pero todos mis SL eran activados, tenia la técnica tenía la mentalidad pero ya era una cagada, lo quería tomar personal pero ¿como enfrentarme a algo tan impresionantemente gigante como el mercado? El que está sostenido por millones de personas y trillones de divisas que se intercambian cada día produciendo un valor, sentía que el mercado estaba en contra mío no pude creer que todos mis SL se activaban, así que opté por no poner SL, ¿y que creen?

Una de las peores decisiones de mi vida, cuentas quemadas una tras otra, pero como dice en el libro AMP de N.H. Textualmente "las adversidades son las semillas de un beneficio igual o mayor" basándome en esta premisa, pregunte a mi subconsciente ¿cómo bajar este margen de SL? Y es verdad no puedes saber algo que no sabes, debemos estar atentos y darle chance a la posibilidad de lo improbable, cómo siempre la vida me ha sorprendido nuevamente, y en mi mente surgió una idea, la Variación de movimiento es una onda, y la frecuencia es una vibración en un lapso de tiempo, esto me llevo a analizar de una forma más sutil al mercado.

Lo único que se sabe es que no sabes, por ende la única opción que tenemos es recolectar datos y factores a fin para proyectar una posibilidad, entonces el Ratio 1:7 es el más próximo como promedio que obtienes con este libro..

Utiliza todas las herramientas principalmente los canales debes ver y operar en los extremos, ¿qué tal líneas de tendencia? si rompe utiliza breakeven, técnica RP21 entradas en donde el precio actual debe posicionarse lejos de nuestra Ma21, topes o línea horizontal en una hora o 4horas para fortalecer la técnica, y por último divergencias.

Que Dios te bendiga con salud, armonía, sabiduría para administrar un millón de dólares o mas, y todo lo bueno que puedas aportar al mundo y a la humanidad.

Muestra:

TRADING A PRIMERA VISTA

103

RICHARD VARGAS T.

TRADING A PRIMERA VISTA

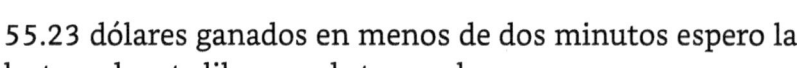

55.23 dólares ganados en menos de dos minutos espero la lectura de este libro sea de tu ayuda.

Nota: el MACD, lo tengo para elevar el gráfico, podría estar cualquier indicador, no es relevante para la operativa, ni genera señal alguna.

- Les comparto una racha de profits, aquí se puede apreciar el potencial de RP21, las operaciones son seguidas, y por lo general no necesitan Stop lose, me gusta mucho, con todo en introducción tienes mi contacto para más tips y sugerencias

Hora	Tipo	Volumen	Símbolo	Precio	S/L	T/P	Tiempo	Precio	Beneficio
07.30 07:41	sell	1	volatility 25 index	2671.850			07.30 07:44	2671.480	0.37
07.30 07:41	sell	1	volatility 25 index	2671.850			07.30 07:45	2671.311	0.54
07.30 07:41	sell	1	volatility 25 index	2671.850			07.30 07:45	2670.790	1.06
07.30 07:41	sell	1	volatility 25 index	2671.850			07.30 07:45	2670.537	1.31
07.30 08:05	buy	1	volatility 10 index	6437.081			07.30 08:05	6438.119	1.04
07.30 08:05	buy	1	volatility 10 index	6436.916			07.30 08:05	6438.328	1.41
07.30 08:05	buy	1	volatility 10 index	6436.916			07.30 08:06	6438.247	1.33
07.30 08:09	buy	1	volatility 10 index	6438.612		6463.011	08.01 05:19	6463.023	24.41
08.02 06:51	sell	1	volatility 25 index	2642.923			08.02 06:53	2641.216	1.71
08.02 06:51	sell	1	volatility 25 index	2642.923			08.02 06:53	2641.144	1.78
08.02 06:51	sell	1	volatility 25 index	2642.923	2645.675		08.02 06:53	2641.264	1.66
08.02 06:51	sell	1	volatility 25 index	2642.761			08.02 06:53	2641.404	1.36
08.02 06:51	sell	1	volatility 25 index	2642.761	2638.373		08.02 06:54	2641.429	1.33
08.03 03:28	buy	16	volatility 25 index	2635.575			08.03 03:34	2635.646	1.14
08.03 03:28	buy	16	volatility 25 index	2635.575			08.03 03:34	2635.709	2.14
08.03 03:28	buy	16	volatility 25 index	2635.575			08.03 03:34	2635.850	4.40
08.03 03:28	buy	16	volatility 25 index	2635.617			08.03 03:34	2635.758	2.26
08.03 03:29	buy	16	volatility 25 index	2634.658			08.03 03:34	2635.747	17.42
08.03 03:29	buy	16	volatility 25 index	2634.658			08.03 03:34	2635.797	18.22
08.03 03:29	buy	16	volatility 25 index	2634.658			08.03 03:34	2636.001	21.49
08.03 03:39	sell	0.005	volatility 75 index	12979.76			08.03 03:39	12976.10	0.02
08.03 03:39	sell	0.005	volatility 75 index	12980.67			08.03 03:39	12976.19	0.02

- Ah! mira, no fueron 55,23, si no 62,13 dólares, en menos

de 5 minutos, esta operación la hice mientras escribía este libro, bendiciones, el crédito total es de Dios.

TRADING A PRIMERA VISTA

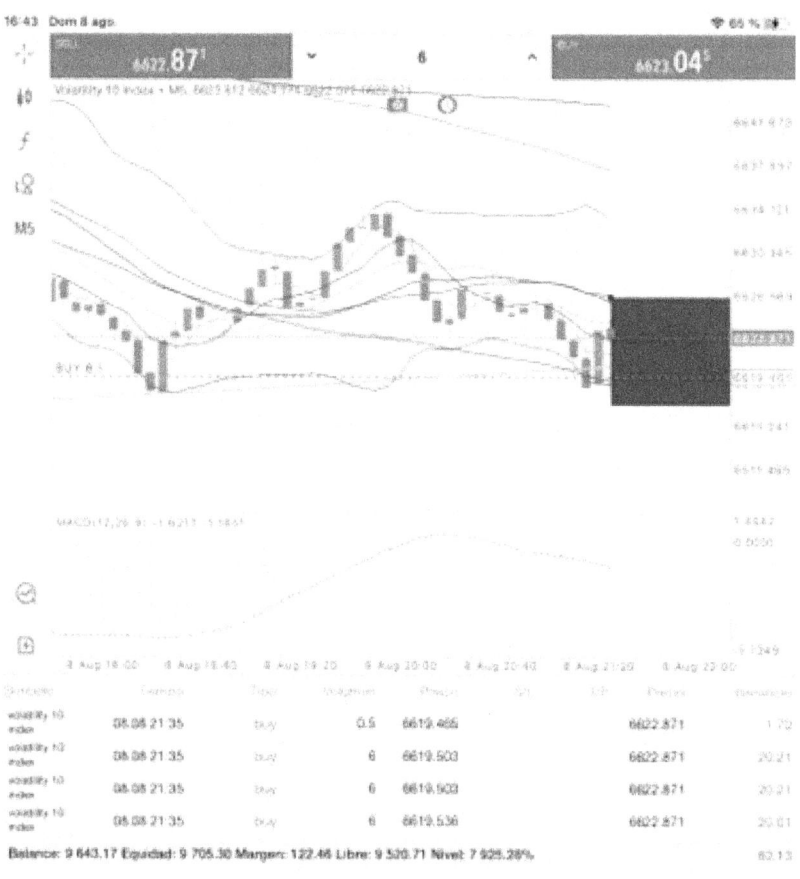

FILTROS.

Todo en el mercado financiero es un algoritmo, afirmo que el precio que se ancla a una media móvil en armonía siempre de los siempres regresará a esta con una aceleración añadida y cumplirá el ciclo ABC.

si:

Tienes un canal bajista, debemos buscar ventas asi la dirección del precio indique compras, hasta que rompa el canal. Cuando rompa sabremos que tenemos que buscar compras.

Si tenemos armonía y entrada para RP21, no está demás revisar si hay un piso o techo anterior en 1 hora. Me refiero en temporalidades macro.

Si pierdes en la primera operación, dejas de operar si es posible hasta celébralo. Y dejas de operar hasta que hagas un reset y te Sientas más tranquilo con los 5 sentidos en el mercado.

Si no puedes parar de enviar operaciones, talvez estás entrando a una adiccion, busca ayuda o visita a un psicólogo. (Solución rápida: desfógate operando solo en la cuenta demo con alto lotaje. Negado operar en real, asi tu instinto te diga lo contrario)

Si el precio se tarda mucho en una pequeña zona es más probable que cambie de dirección.

Si el precio se tarda mucho en una pequeña zona, 1. si entra a tu favor asegura la operación en ganancias, de lo contrario 2. sí, se dirige en tu contra cierra lo antes posible, dejas de operar hasta resetear tu mente. Operas en demo. Repito estrictamente negado operar en real si te sucede este caso.

Segunda edición en proceso.

CONTENIDO

Advertencia.

CICLOS Y MÉTODO RP21

DEDICATORIA

AGRADECIMIENTOS

PRÓLOGO

Introducción

Revisión rápida al interesante mercado de los índices sintéticos.

CAPÍTULO 1

Ciclo ABC

¿Qué es una media movil?

¿Cómo funciona el Efecto resortera?

Equilibrio del mercado

Bases para enfrentarme al mercado.

¿Cómo puedo controlar las emociones?

CAPÍTULO 2

Técnica RP21

Simetría del Mercado.

Dinámica 1

Dinámica 2

CAPÍTULO 3

Indicadores de la Técnica RP21

Herramientas para definir acción y dirección del precio.

Definir acción del precio en el punto B

Definir dirección del precio en B hacia el punto C.

Armas súper-poderosas para vencer al Mercado.

Estructura del mercado y fractalidad

T.A.S.

T.A.

¿Qué es un fractal?

¿Cuál es el mejor momento para entrar al mercado?

¿Sencillas son las claves para una entrada?

"SEAMOS AMIGOS DEL MERCADO".

CAPÍTULO 4

Operativas

RP21 en 5m.

buscando ventas.

Buscamos ventas en base a un canal bajista.

Buscamos compras en base a un canal alcista.

"IDENTIFICAR MA1000, SI EL PRECIO SE ESTÁ ALEJANDO O ACERCANDO."

Errores comunes

Configuración mental RP21 efectividad y margen de probabilidad según la señal de la Media móvil (MA) y Media móvil exponencial (EMA)

CAPÍTULO 5
Ciclo ABC, se aplana la pendiente.

Estrategia 97% asertiva en crash y boom (índices sintéticos)
Precaución: técnica con alto nivel de riesgo al operar sin práctica.
Primer nivel de riesgo. (Bajo)
Condiciones:
Segundo nivel de riesgo. (Alto)
Datos para aprovechar más la técnica..
Método de operar recomendado
¿Pérdida a propósito o rojos con propósito?
Filtros.

AGRADECIMIENTOS

Agradezco principalmente a Dios, a ese ser compuesto de inteligencia infinita por otorgarme sabiduría, paciencia y la valentía para publicar este libro con el único fin de ayudar al mayor número de personas, incluso ayudarme a mi mismo. En los momentos más difíciles eh sentido su presencia y confianza en mí.

Angelita Tipan por tu fortaleza y alegría, por tu amor incondicional, nunca te rendiste cuando todo estaba en contra, tu dedicación para que en el futuro seamos personas de bien, tu esfuerzo es incomparable diste todo de ti para sacarnos adelante y solventaste nuestras necesidades principales, vestimenta, comida, salud y educación a mis hermanos y mi persona, eres una madre increíble ninguna como tu, Te Amo.

Cristian Tipán Por ser mi ultimo mentor y el primero en ser totalmente honesto y humilde con sus grandes resultados, tu simpatía, amor y paciencia hacia el prójimo te han llevado lejos, por ser a quien admiro mucho por su famosa técnica T200 en Forex, tu humildad y enfoque te conviertes en un referente a seguir, espero algún día llegar tan lejos en liderazgo, en la parte económica y espiritual.

Gabriela Tello Por ser la primera persona en conocer de la técnica y confiar plenamente en su uso práctico agradezco que nunca te rindieras en tu propósito de ser una gran Trader y espero este libro facilite tu operativa con muchas bendiciones para toda tu familia.

Andrés Moreno por su incomparable pasión al Trading,

la fe, la constancia y tu voluntad inquebrantable para aprender acerca de los futuros negocios, sabemos cuál fue el costo de aprender y seguir adelante te respeto mucho hermano, cuando no tuve donde quedarme me acogiste en tu casa con mucho cariño tú y Mónica Apolo tu querida madre, sin ustedes este libro no hubiera sido posible.

Valeria Aviles por su humanidad, humildad y en especial tu valentía hacia la vida, espero en donde te encuentres, estés muy bien gracias por tu amistad y momentos compartidos, Gracias a ti le dimos un nombre a la técnica.

Fernando Vargas a Mi padre gracias por darnos todo lo que pudiste gracias a ti hoy soy como soy y es posible mi progreso.

Anita Vargas Hermanita bella siempre fuiste la más inteligente de la familia nos diste y nos sigues dando muchísimas alegrías, te admiro por tu fortaleza, valentía, humor y persistencia.

Estalin Vargas Gracias por tu temple tu devoción y preocupación de toda tu familia.

A mis hermosos sobrinos Alison Vargas, Christopher Vargas y Julian Carrizo fueron y serán una inspiración para mí, deseo verles en el futuro con mucho éxito y armonía.

Patricio Vargas gracias Ñaño lindo por ser como eres una gran inspiración para todos, tú gran inteligencia y sabiduría nos inspiran cada día.

Aurelian Stefan T. Popescu por tu carácter y personalidad que tanto contribuyeron a nuestras vidas son de incalculable valor, te agradezco por tu humildad y grandeza, por tu apoyo moral y espiritual, coherencia y ganas de triunfar en la vida. Gracias.

Alejandro Luzuriaga por tu inteligencia cultura y espiritualidad, admiro cómo proteges a tu familia y tu pasión a la vida con la que iluminas todos los días a quienes te rodeamos.

Rebeca Bustamante por su fe, confianza, el esfuerzo por ver resultados nunca será en vano eres una gran madre y amiga, viste algo que nadie pudo antes, gracias por tu esfuerzo de llegar con el valor de no seguir viviendo con el común denominador del perdedor.

B. P. por su confianza en un crédito y sus condiciones de pago que no son justas en base de eso me puse un reto el cual debí resolverlo si o si, porque con lo que me prestaron estudié este negocio y a fin de cuentas pude pagarles con mucho gusto. Óscar Arias por ser una persona que recalca el valor de la lealtad y amor por la familia.

S. por inyectarme las ganas de ser mejor persona, por ti tengo miles de referencias para tal fin, en ti vi ese ser humano que crece en la vida sin pasar por encima de los derechos de los demás y sin romper las reglas de Dios en donde te encuentres te dedico este libro con mucho amor y cariño.

A tantas personas quienes sus nombres no están aquí, porque la lista sería interminable, ustedes saben con anticipación que les agradezco mucho por tener el privilegio de disfrutar su compañía y experiencias, espero sepan de primera persona que agradezco cada segundo su presencia en mi vida, y espero devolverles con creces todo lo que he recibido de ustedes.

y por último Agradezco a los innumerables fracasos,

cuentas quemadas, decepciones y desilusiones en distintos negocios y proyectos cada uno me dio un dato más para seguir intentado y no perder la fe en el proceso.

un fracaso no es otra cosa que la oportunidad de empezar de nuevo más inteligente.

Créditos

Richard Vargas escritor del Libro y estudioso del mercado bursátil mediante gráficos, editor.

Cristian Tipan conocido como uno de los mejores traders del ecuador, y su compromiso para que nosotros conozcamos de la gran bendición y responsabilidad en el trading.

Rebeca Bustamante. Apoyo, Críticas constructivas y corrección en semántica y ortografía.

Óscar Arias Couch en superación personal, lógica y revisión gran amigo, mentor en filosofía de vida.

Santy Coba revisión de semántica y ortografía.

Valeria Aviles inspiración para el nombre de la técnica basada en un dibujo animado.

.

derechos reservados ©
Prohibida su reproducción total o parcial

Acerca del autor

Richard Vargas T. (J.ink) Artista ecuatoriano y Estudioso del mercado de valores y trading , nació en Quito - Ecuador ��� un 14 de marzo, creció en el barrio carapungo al norte de la ciudad, apasionado por el arte gráfico y las matemáticas, escritor del libro "hechizos una brecha entre la ciencia y lo mágico opinion personal", en 2017.

www.ingramcontent.com/pod-product-compliance
Lightning Source LLC
Chambersburg PA
CBHW052327220526
45472CB00001B/301